我们一起解决问题

企业财务风险规避指南

会计实务、财务管理、税收筹划关键点及疑难解析

袁国辉　著

人 民 邮 电 出 版 社
北　京

图书在版编目（CIP）数据

企业财务风险规避指南 ：会计实务、财务管理、税收筹划关键点及疑难解析 / 袁国辉著. -- 北京 ：人民邮电出版社，2018.5（2023.11 重印）
ISBN 978-7-115-48070-5

Ⅰ. ①企… Ⅱ. ①袁… Ⅲ. ①企业管理－财务管理－风险管理－指南 Ⅳ. ①F275-62

中国版本图书馆CIP数据核字(2018)第047983号

内容提要

财务风险是企业经营过程中必须面对的一个问题，为了防范和降低这一风险，企业应优化内部财务结构，提升财务管理水平。

《企业财务风险规避指南》按企业财务工作的职能划分，分为会计实务、财务管理、税收筹划三大部分：第一部分讲述了会计实务工作的规律性，给出了日常核算业务的难点、疑点；第二部分梳理了财务管理的关键点，包括内控建设、预算预测、财务分析、绩效考核与投融资决策等；第三部分重点介绍了税收筹划的要点，包括营改增后的税负管理、增值税的进项抵扣、企业所得税的税前扣除等事项。全书内容紧密结合工作实际，就常见问题给出了解决思路和建议。

《企业财务风险规避指南》聚焦实务、立足疑难、训战结合，能够帮助会计人员以及企业财务管理人员更新或充实有关知识，提高和拓展相关技能，培养及增强职业敏感，也可作为企业培训财务人员的教材。

◆ 著 袁国辉
责任编辑 贾淑艳
责任印制 焦志炜
◆人民邮电出版社出版发行 北京市丰台区成寿寺路 11 号
邮编 100164 电子邮件 315@ptpress.com.cn
网址 http://www.ptpress.com.cn
北京七彩京通数码快印有限公司印刷
◆开本：700×1000 1/16
印张：16 2018 年 5 月第 1 版
字数：255 千字 2023 年 11 月北京第 20 次印刷

定 价：59.00 元

读者服务热线：（010） 81055656 印装质量热线：（010） 81055316
反盗版热线：（010） 81055315
广告经营许可证：京东市监广登字 20170147 号

自序

徐行会计路

当年我参加华为新员工培训时，最后一个环节是辩论赛，分正反两方就“爱一行，干一行”，还是“干一行，爱一行”展开唇枪舌剑。说实话，这不是个好辩题，因为两个观点的视角各异，并非截然对立。“爱一行，干一行”是择业观，“干一行，爱一行”是就业观，一个主动，一个被动。喜欢钻牛角尖的年轻人不理解个中差别，硬用这种辩证去谋求从业的答案，难免陷于缘木求鱼。我已忘记当年这场辩论赛的结果，但记得绝大多数同事举手表示认同正方观点，我也是如此。

能干爱干的事无疑是幸福的，很遗憾，迫于家境和现实，十七八岁的年轻人填报高考志愿选择未来的职业时未必能心随所愿，大多数人都会向世俗或父母的意愿妥协。1996 年高考时我填报了会计专业，但学会计绝非我之本心。大学四年、研究生三年课堂上的“借”与“贷”相比高中的数理化无趣得多，却又容易得多，至今我都固执地认为会计专业并不需要接受如此漫长的高等教育，有高等教育基础的人士皆可自学成才。21 年前的选择已成为人生无法改变的事实，因此我只能勇敢地接受“干一行，爱一行”的职场定律了。

2003 年研究生毕业时，我曾肤浅地认为做会计难有作为，所以想进高校当老师。但当时研究生在北京留校实有难度，自己又不愿意去外地，此梦难圆。上天没给我太多时间做选择，4 月“非典”闹得人人自危，我没有太多的“勇气”去继续追寻所谓的理想工作，匆匆与一家上市公司签约后，不情愿地开启了自己的“借贷”人生。

我在读书时发表过十多篇论文，颇有几分自负，但单位没因我自视“甚高”就给予“重要”安排。有过苦恼、抱怨，但理性让我老老实实地从费用岗位开始做起，做过成本会计、总账会计，再做合并报表、财务分析、预算。我领略过月底结转成本费用时的紧张，尝试过做财务分析时查找差异的痛楚，承受过做预算怎么也弄不平资产负债表的尴尬……几乎所有财务的岗位我都走过一遍，感受最深的是一年一度的预决算犹如炼狱，一月一次的结账意味着加班。

经历了会计实务，我不再高谈阔论、纸上谈兵，不再简单评判会计“管理活动论”与“信息系统论”。涉身其间，才真正发现会计的魅力难以言表。存货管理、应收管理、预算管理、盈余管理、财务分析、税收筹划、内控建设……每一个模块都值得玩味。做好会计工作需要不断学习，初期是学习专业知识，延展自己的专业深度；后期需要拓宽基础，开阔自己的视野。有的东西能学习借鉴，有的只能在职场岁月的摸爬滚打中慢慢感悟。

选择了会计职业，不仅选择了辛劳，选择了不断学习，也选择了不停考试。从大学开始，我就不厌其烦地参加CPA考试、会计师考试、高级会计师考试，其他与会计相关的考试更是多不胜数。“变”的哲学内涵在会计上表现得淋漓尽致，税法在变，制度在变，准则在变。每一次变化都会增加我们的新奇，彰显我们的分量，也会让考试内容随之变化。说来真的很委屈，今年没过的考试，明年还要重新掏钱买教材。

工作年头渐长，职位渐升，我从财务主管、副经理、经理做到财务总监。十多年的职场，一些年轻的财务人员被提拔为公司副总，这让许多从事研发、制造的同事羡慕不已。有人戏谑说，会计是科学，但会计工作是艺术。会计是国际化大公司较为看重的，但一些国内企业却不太看重，理念差异有时难免会造成工作中的尴尬。

会计工作，一面需要服务经营，一面需要监督管控，服务与监督本就是矛盾的，特定场合自然无法兼容。这时唱红脸、得罪人就在所难免了。被告状、被写举报信是很多财务职业经理人心酸的经历，打铁还要自身硬，扛住了风吹浪打，自然历久弥坚，往后才能在职场闲庭信步，会计的艺术性在此刻才是最完美的诠释。矛盾的煎熬提升了韧性，也让会计人员特别是高端会计人员的情商得到了历练。因为工作的特殊性，会计职场中情商不高的人是很难做上高端职位，抑或很难坐稳高端职位的。

职位高了，专业技能反倒不那么重要了，许多一流企业的财务总监甚至是由非财务人士担任的。财务总监不再是技术干部，而是经营班子成员了。实际上，企业规模越大，财务总监需要直接负责的具体会计事项会越少，而所要承担的经营决策会越来越多。决策的功夫在决策之外，位置不同，要求不同。如果没有前期较好的积累和对所决策事项的深入了解和思考，很难做出准确的判断。优秀的财务总监需要具备较高的前瞻意识、大局意识、全局视野和沟通艺术，不仅要对企业的生产、研发、销售、市场有全面的了解，还应对风险的把控准确到位。

职场的道路是漫长的，开放的人才市场让会计人有了更多的选择。当发展通道不顺时，我们可以大胆地选择跳槽。只要决策适当，跳槽能实现跳跃式的发展。但不管走到哪里，会计人的原则性不能丢，都必须忠诚自己的职业操守。也许销售人员可以把客户带入新单位，但财务人员绝不能把财务信息泄露给新公司。

经历过会计实务工作，人会变得定性、定型、定格。会计人普遍具有细致、耐心、谨慎的特质，并非因为我们具备了这些品质才选择了会计职业，而是这份职业需要这种品质。在漫长的职场岁月中，我们被锻造成了“鹅卵石”。“会计”这个词，在词典中有三个概念，一是会计职业，二是会计学科，三是会计人。会计人是职场中易被调侃的对象，因为在很多同事的心目中，我们有刻板、胆小、抠门的印记。平心而论，大家的这种印象并非毫无道理。

我曾不止一次向同事、朋友解释“财务与会计的概念孰大孰小”“财务与会计的职能孰重孰轻”“总会计师与财务总监的位置孰高孰低”“高级会计师与注册会计师的水平孰优孰劣”……每解释一次我都会释怀一次：又有一个朋友理解了我的工作，理解了会计。繁多而不重复的解释见证了我的转变与成长，让我深刻并一点点地领悟会计人生的真谛。

我是一个怀旧的人，总觉得逝去越久的日子越让人留恋。在不断加快的生活节奏中，每当自己从“理想化”过渡到“理性化”，美其名曰“成熟”的时候，我也在不断地提醒自己，我是不是变得庸俗了。其实，在会计职场无需设定太高的目标，谨慎地走好每一步就是我们的理性选择。人到四十，需做的是坚守一份稳定的职业；人到四十，需做的是给孩子一个健康的身心；人到四十，需做的是给父母一个舒心的晚年；人到四十，我要成为一个拿得起、放得下的人；人到四十，我不用再轰轰烈烈地规划未来，因为把眼下的路走好就是通往理想的天梯。

学会计是迷茫的，考会计是变化的，做会计是艰辛的，懂会计是曲折的。会计带给我的不仅是荣誉、是职业，更多的是从无知到有知，从有知到新知、到运用、到驾驭的成就感。

会计人生虽非我的志愿，但它却绚丽多彩！

前言

《企业财务风险规避指南》一书出版了，兴奋难抑。

之前，我在人民邮电出版社已出版了两本书：《指尖上的会计：一本书读懂会计那些事儿》《指尖上的会计 2：一本书读懂财务管理》。这两本书源于我的微博“@指尖上的会计”。现在出版的这本书则源于我的微信公众号。因自媒体而成三本书，亦可算集腋成裘。

自媒体具有独特的魅力，让人欲罢不能。继微博“@指尖上的会计”之后，我在 2015 年 9 月注册了同名微信公众号，将自媒体阵地由微博转移到微信。我的微信公众号的介绍语是，“会计是我们谋生的技能，也应是我们生活的乐趣。轻轻滑动指尖，阅读会计美文。关注‘指尖上的会计’，愿我们成为朋友，一起分享会计工作的辛酸与喜悦！”

开始几个月，我几乎保持每天更新一篇会计原创文章的势头。如此密集地推出接地气的原创文章，自然能吸引会计粉丝的关注。加之有微博粉丝做基础，微信公众号“指尖上的会计”轻松收获了五万粉丝。增长的粉丝数量反过来又激发出我的创作热情，这或许就是自媒体的魅力所在吧！

做有影响力的自媒体绝不能自娱自乐、孤芳自赏，时刻都要接受读者的检验。发表的会计文章好不好，看文章的阅读量与增长的粉丝数即可评判。什么样的文章受读者青睐呢？依我的经验，接地气、能解决实际问题才行。标题党、故作高深、无病呻吟的文章是无法持久吸引粉丝关注的。

“指尖上的会计”这一自媒体品牌发端于微博，一路走到微信，都遵循“聚焦实务、立足疑难、训战结合”这一主旨。

微信公众号要保持“一天一文”的频次，对于作者而言是约束，也是动力。没有足够的知识积淀、没有旺盛的创造力、没有持久的激情是难以持续的。写得多、发得勤，难免“萝卜快了不洗泥”。把微信公众号发表的文章整理成书绝非简单拼凑，其间还有一个再创作的过程。口语化转书面语就不是一件轻松的事情，修改错字病句，统一行文风格、统一措辞、统一体例也耗时耗力。

将单篇的文章分出章节，厘清逻辑，这一过程需要自己做出痛心的割舍。每篇文章都是一字一句写成的，我都曾为之付出心血，都希望它们能印成铅字以飨读者。无奈有的文章立意与本书框架不符，只能割爱了，希望以后它们也有机会出版成书。

翻开本书的目录，你会发现内容框架简洁明了。本书是按企业财务工作的职能划分的，分为三大部分：会计实务、财务管理、税收筹划。细究一下选文，你会发现三个特点：（1）内容与实务工作相关；（2）问题在工作中常见；（3）给出了解决问题的思路和建议。

出版这本书我一直心存忐忑，总担心自己写的文字有错讹，怕误导了读者。初稿出来后我找了很多朋友和粉丝校稿。果不其然，大家帮我纠出了书稿中的不少硬伤，有的硬伤甚至是我自己一直没有意识到的。从这个角度看，这本书也算是集体智慧的结晶。学无止境、常学常新，这或许是每一个会计人都应具备的学习态度。

看着这本《企业财务风险规避指南》我备感亲切，它是我20年财务工作经验的总结，内容虽不完美，但有一点我可以保证，它源于实践，绝非书面说教。如果你真读进去了，相信它能帮你解答不少疑惑，甚至能帮你规划会计生涯。

自媒体的读者与作者是互为依存的，本书能出版应该感谢我的五万微信粉丝。因为有粉丝朋友们专业与挑剔的眼光关注着，我不敢懈怠、常存敬畏。同时要感谢人民邮电出版社的编辑老师，我的三本书能高效出版，与编辑老师的辛劳与付出分不开。三年来，自觉与人民邮电出版社的合作是愉快的，我坚信自己与人民邮电出版社的合作还会继续！

会计时刻处于变化之中，我会把眼前这本书当作一件可持续维护的产品，不断打磨、增删修补。与此同时，“指尖上的会计”仍将砥砺前行，不断创作出有深度、有锐度、有温度的会计文章，为本书修订提供素材。衷心期待着本书未来能出第二版、第三版……让它始终与会计实务同频共振，始终作为会计人的工作指南。

由于自身水平有限，即便付出了十二分努力，书中也难免有错讹。如果读者阅读此书时发现有表达不当之处，或有修改建议，烦请不吝赐教，关注我的微信公众号“指尖上的会计”（ID：kjr2016）即可留言指正。

这本书远未结束，惊喜或许还在后面！

目录

第一部分　会计实务

会计与财务，一体两面。会计偏重于反映历史，财务偏重于管理未来。会计是财务的基础，会计工作做得好不好，既可以看出一个会计人的专业功底，也可以看出企业财务管理的规范程度。

绝大多数会计人的职业生涯是从会计核算岗位起步的，可以说，会计核算工作是会计人专业积累的基础。会计核算工作也是企业财务工作的基础，没有严谨的会计核算，就难以达成真正意义上的财务管理。或许正因为会计核算是基础性工作，所以有些会计人情愿因循既往，知其然而不知其所以然，也不愿意深入研究它、理解它。找出会计核算工作的规律性，找到其中的难点、疑点，你会发现会计核算并不简单。

第二部分 财务管理

财务管理工作虽然没有一定之规，但它能发挥出会计人的主观能动性，让会计人的工作更加出彩。

IT 技术与人工智能的兴起，让一个说法甚嚣尘上：核算会计将逐渐式微，管理会计将更为重要。我并不赞同把会计工作割裂为核算会计和管理会计，因为核算会计与管理会计本就是会计工作的一体两面。虽然如此，管理会计将成为财务工作主流却是一种趋势。管理会计到底是什么呢，要准确下定义并不容易，先来梳理一下管理会计的职能，即内控建设、预算预测、财务分析、绩效考核、投融资决策……

第八章
华为的财务管理 // 156

第九章
会计人的责任与风险 // 171

第十章
资本市场 // 190

第三部分　税收筹划

税务工作时刻处于矛盾之中，风险与税负如影相随，如何平衡关系到财务工作风险的大小。

会计人总爱调侃自己的职业风险大，风险究竟大在哪里呢，只怕一多半都在税务问题的处理上。站在税务的角度，强调遵从性；站在企业的角度，需要降低税负。这两方面的要求很大程度上是矛盾的，这就决定了税务工作的复杂性。要做好税务工作，应先做到洞悉税法、清楚红线，然后才是积极思考，灵活变通。

第一部分

会计实务

会计与财务，一体两面。会计偏重于反映历史，财务偏重于管理未来。会计是财务的基础，会计工作做得好不好，既可以看出一个会计人的专业功底，也可以看出企业财务管理的规范程度。

绝大多数会计人的职业生涯是从会计核算岗位起步的，可以说，会计核算工作是会计人专业积累的基础。会计核算工作也是企业财务工作的基础，没有严谨的会计核算，就难以达成真正意义上的财务管理。或许正因为会计核算是基础性工作，所以有些会计人情愿因循既往，知其然而不知其所以然，也不愿意深入研究它、理解它。找出会计核算工作的规律性，找到其中的难点、疑点，你会发现会计核算并不简单。

账务规划

第一节　财务共享服务中心对会计核算的深远影响

建立财务共享服务中心是未来集团型企业账务处理的发展趋势。财务共享服务中心建立后，账务处理会呈现两种趋势：一是片段化，分工越来越细；二是人工智能化，系统生成替代手工录入。受这两种趋势的影响，财务共享服务中心对人的要求体现为粘性化和非专业化。因此，未来财务共享服务中心需要的是计件制考核的会计人员。

一、财务共享服务中心的发展趋势

财务共享服务中心（Financial Shared Service Center）是近几年流行起来的一种会计核算管理方式。它将不同国家、地点的实体会计业务拿到一个共享服务中心来记账和报告，保证了会计记录和报告的规范性和结构统一性，而且由于不需要在每个公司和办事处都设会计，因此能节省系统和人工成本。

如果企业达到了一定规模、拥有众多分支机构，且经营内容相对单一，同时总部有集中财务管理、强化对分支机构管控的需求，即可考虑提供财务共享服务。建立财务共享服务中心是未来集团型企业账务处理的发展趋势。把总部和各分子公司的会计核算集中到一起来处理，具有四点好处：（1）会计核算效率高、成本低；（2）账务处理偏实；（3）会计独立性高，监控能力强；（4）会计数据口径统一，使绩效考核更加公平。

财务共享服务中心建立后，其集中处理会计核算工作，零散的会计核算业务会被整合为标准化模块。会计核算是规则性极强的工作，目前由计算机系统自动生成会计分录替代手工录入凭证已不存在任何技术障碍。在运算逻辑上，会计核算完全可做到自动化，通过标准化的流程把会计分录的编制规则定义好，输入到系统中，系统将依照会计工程师们设定的规则把账务处理好，不再需要人为判断和操作。

财务共享服务中心的普及还需要一段时间，会计人对它的认识尚需一个过程。例如，原始单据传递就令很多人担心。越往后，票据传递越不是问题，现在的做法是通过快递将票据汇集到共享服务中心。未来普及电子发票后，将不再需要物理层面的票据，会计做账通过电子化即可实现，或者通过影像系统采集，实现原始凭据电子储存。

二、财务共享服务中心对人的要求

财务共享服务中心的账务处理呈现出两种趋势：片段化和人工智能化。

1. 片段化

会计核算的分工越来越细，复杂的工作会被分解，每个人的工作都将是流水线上的一环，每个人都会成为流水线上的螺丝钉。片段化的工作易操作、不易出错，会极大地提升工作效率。但是，片段化工作对会计人员的经验与技能积累是有限的，对会计人员规划未来职业发展是不利的。

2. 人工智能化

规律的记账工作由计算机系统自动完成。财务共享服务中心对会计工程师的要求较高，会计工程师需同时是会计专家与 IT 专家。在会计工程师制定好记账规则并输入系统后，后续工作由计件制考核的会计人员完成即可。财务共享服务中心对会计人员计酬甚至可以采用计件制模式。

因为有片段化和人工智能化这两种趋势，财务共享服务中心的工作变得简单、重复、机械，基本不需要太多的智力投入。对一般人员的要求体现为粘性化（要坐得住）和非专业化（可降低学历与专业要求）。

此外，财务共享服务中心的建立还会影响审计领域。企业为什么要做会计报表审计呢？因为会计报表不一定能反映出真实的经营成果与财务状况。会计人员工作不认真、能力水平不够，或是与业务人员合谋，都可能导致会计报表不实。财务共享服务中心一方面隔离了会计人员与业务人员，另一方面实现了记账自动化，只要会计工程师编制的记账规则不出错，会计核算端就不会出现错误。如此一来，还有必要针对会计报表进行审计吗？我认为今后的审计工作无需基于会计端，而应走到业务前端去，监督业务合规性。

三、会计核算工作会被有效整合

当企业集团建立财务共享服务中心后，会计核算工作会被有效整合，每个岗位的工作量将变得饱和。例如，集团内每个子公司的固定资产采购发生频次不高，会计核算偶尔为之，但将母公司与所有子公司的固定资产购置核算汇集起来，针对固定资产购置的会计核算就可能达到一定体量。

以往分子公司各自设立财务部的做法也将得到改进，“麻雀虽小，五脏俱全”的管理模式会被颠覆，一个集团只需要成立一个财务部，集中于总部即可。这样的财务架构无疑是最经济的，人员也会极大精简。

另外，计算机系统会淘汰部分会计岗位。以费用报销工作为例，这类业务量大且重复发生，非常符合人工智能做账的要求。将费用报销 APP 审批记录与财务软件对接，确定好记账规则就可以自动生成会计凭证；将费用报销 APP 审批记录与网银系统对接，则可以实现自动付款。如此一来，原有的费用会计岗位将不再需要，出纳岗位的工作将得到精简。

技术的进步既让人兴奋，又让人心酸。一方面，人工智能与财务共享服务让会计人员摆脱了简单重复的低价值劳动，实现了时间的解放；另一方面，人工智能会淘汰至少 70% 的会计人员，主要是会计核算人员，这意味着会计职场会升级。

人工智能第一次切入会计领域是 20 年前会计电算化的普及。手工记账时代，月末结账一次性把报表做平不是件轻松的事情。某个会计粗心大意，漏登一笔科目明细账，或者记错了科目，又或者点错了小数位，都需要会计人员一点点排查出来，仅对账就要耗费大量的时间。实现会计电算化后，再粗心的会计也不至于让借贷方不平。做不平账，已成了会计人员遥远的记忆。会计电算化让月末结账变得轻松，也实现了财务部的第一轮瘦身。

未来，低价值的会计服务不仅难有前途，甚至会不复存在。未来会计工作会呈现两极化，一极是低端的体力劳动，非会计人员也可参与岗位竞争；另一极会变得高端，将是强者与智者的工作。

或许有人会觉得 70% 的会计人员供职于中小微企业，这样规模的企业与财务共享服务中心的概念相距遥远，他们不会因此受到太大的冲击。但需要明确的是，财务共享服务中心并非是大型集团企业的专利，因为它也可以向外界提供有偿服务。这等于说中小微企业可以实现会计核算外包。例如，壳牌石油（Shell）建立的“壳牌石油国际服务公司”每年 8% ~ 9% 的收入来自向外界提供服务。这意味着财务共享服务中心不仅会影响到大集团的会计从业人员，也会影响到中小微企业的会计从业人员，它对会计核算领域的影响是全方位的。

四、财务会计与管理会计分离

财务与业务是什么关系呢？一方面，财务是对业务结果的记录与反映，这属于财务会计的范畴，随着业务推进，财务需不断改进、完善流程与内控；另一方面，财务可通过参与业务，促进业务改进，反过来让财务结果有更好的呈现，这属于管理会计的范畴。可见，财务会计的作用多是被动的，管理会计的职能是主动的。

财务共享服务中心的缺点也很明显，最突出的一点是会计核算脱离业务，可能沦为辅助岗位。会计核算人员不再与公司业务人员直接接触，面对的是一堆冰冷的数字，而无需关注数据背后的业务原因。这就需要有专门服务企业经营管理的会计人员站出来补位。

财务会计与管理会计的分离，是现代市场经济条件下企业财务管理的一大趋势。在共享服务中心模式下，与决策成功相关性较低、重复度高、工作量大的会计核算工作被集中起来统一处理，使财务会计与管理会计的分离成为可能。从职能上看，财务会计工作主要是账务处理，对它的要求是按照各项规章制度真实、客观地反映企业经营状况；管理会计主要涉及企业的经营管理和提供决策依据。

如果会计人员不满足于会计工人的定位，由财务会计向管理会计转型是必需的。财务共享服务中心建设在我国还处于起步阶段，有财务共享服务中心工作经验的会计人员在未来一段时间内可能会受到企业欢迎。但要记住，这只是一段窗口期，时间不会太长。

第二节 两维账务体系建设的思路与方法

基于内部管理和考核的需要，许多企业集团实现了资金集中和账务集中管理。华为公司甚至仅将注册的子公司法人作为对外开展业务合作的载体，财务人员、账务处理实现了跨区域、跨国度的集中。

账务集中管理的优点主要体现在以下三方面：（1）有利于加强总部的监管；（2）有利于节省成本；（3）有利于细化财务分工，提升财务岗位的标准化建设。特别是对于多子公司、多产品线的企业集团，账务集中管理可以更可靠地实现子公司与产品线两维的精确性。

下面以 H 集团的具体操作为例，探讨子公司与产品线两维账务体系建设的思路。

一、子公司与产品线两维管理模式

H 集团以北京公司为总部，目前拥有四家子公司：上海子公司、深圳子公司、武汉子公司和西安子公司。总部与子公司产品线的构成如表 1-1 所示。H 集团对产品线明确了利润中心的定位，各产品线总监表达了要以市场为导向、以利润为标杆，从产品线维度加强管理的想法。基于此，产品线也向财务部提出了独立确认收入、核算成本费用，每月报送产品线会计报表的要求。

表 1-1 总部与子公司产品线的构成

产品线 法人	A 产品线	B 产品线	C 产品线	D 产品线	E 产品线	公共
公司总部	√	√	√			√
上海子公司	√		√	√		√
深圳子公司			√	√	√	√
武汉子公司		√			√	√
西安子公司	√	√		√	√	√

从公司管理的需要出发，H 集团共有六个自然利润中心和五个人为利润中心（不含表中“公共”部分）。

第一类：H 集团。

第二类：公司总部、上海子公司、深圳子公司、武汉子公司、西安子公司。

第三类：A 产品线、B 产品线、C 产品线、D 产品线、E 产品线。

从理论上讲，会计组织结构从属于公司组织机构。会计账务处理的基本思路是财务部以法人实体为平台建立账套，然后通过公司组织结构和内部部门，映射出公司的会计组织结构，从而实现每个账套的会计核算囊括产品线信息。

二、两维账务体系会计核算的思路

传统会计核算以法人实体为基础，设置虚拟利润中心使法人与产品线交叉，同时从法人和产品线两个维度进行账务核算。两维账务体系的建立是 H 集团财务管理的一个创举，它把管理会计从财务分析层面引入会计核算层面，对财务部而言既是创新也是挑战。为此，H 集团做了很多努力，对产品线和子公司业务进行了深入调研，目的是使会计账务能清晰地反映出各产品线的投入、产出、资源占用以及现金收支情况，从而为各产品线经营管理、决策、绩效评价提供数据支持。

H 集团要实现这一目的，需要对现行账务体系进行重新规划。具体工作包括以下两项。

1. 确定核算字段

每笔分录的会计科目后记录产品线信息，即将产品线作为二级科目纳入账务系统规划。以往，H 集团财务部通过账外手工调节填报产品线报表，这种填报方式效率低、准确性差。通过此规划，在录入会计凭证时将“产品线”作为必要“字段”，能从数据源头确保产品线内部管理报表与公司法人报表取数依据一致。

2. 账务初始化

期初余额的确认依据是期初余额可以确认的部分计入相应产品线。每个平台管理部门、销售部门、资源部门不能确定为特定产品线服务所发生的费用，以及属于公司层面的课题项目（如标准项目）等不能清晰界定产品线的费用计入“公共”。

【例 1-1】1 月 1 日 A 产品线分担公共库材料费 10 000 元。

第一步，使用人填制库房材料调拨单，将材料从公共库调拨到产品线项目库，财务凭调拨单进行账务处理。

借：原材料——A 产品线　　10 000
　　应交税费——A 产品线——应交增值税——进项　　1 700
　贷：银行存款——A 产品线——内部银行　　11 700

借：原材料——公共　　10 000
　　应交税费——公共——应交增值税——进项　　1 700
　贷：银行存款——公共——内部银行　　11 700

设置“内部银行”科目反映产品线之间的虚拟结算，将产品线内部的资产调拨货币化。月底“内部银行”科目的余额为 0，不影响子公司层面报表数据。

第二步，生产部门领料：

借：制造成本——A 产品线——×× 部门——×× 项目　　2 000
　贷：原材料——A 产品线　　2 000

3. 会计记录原则

（1）每笔分录要求区分是为哪条产品线的哪个项目发生的。

（2）每笔分录只能在产品线内部发生，保证借贷平衡，不能跨产品线处理。

（3）提现、转户这类只涉及现金、银行之间结转，没有债权债务、收入、成本费用发生的业务，产品线填“公共”。

【例 1-2】2017 年 1 月，人力资源部发放 A 产品线人员工资（含代扣五险一金）100 万元。

借：应付职工薪酬——A 产品线　　1 000 000
　贷：银行存款——A 产品线——×× 银行 ×× 账户　　1 000 000
借：生产成本——A 产品线——×× 部门——×× 项目　　1 000 000
　贷：应付职工薪酬——A 产品线　　1 000 000

4. 制定固定资产、无形资产购置与调配管理办法

财务部与资产管理部门一起制定固定资产、无形资产购置与调配管理办法，在账务系统中明确体现资产在产品线的占用情况，按照产品线计提折旧、摊销无形资产。

【例 1-3】某机器设备原值 120 万元，无残值，预计使用 10 年，在 A 产品线使用 5 年后调拨给 B 产品线使用。

第一步，A 产品线调出该固定资产的账务处理：

分录	借方	贷方
借：固定资产清理——A 产品线——机器设备	600 000	
累计折旧——A 产品线——机器设备	600 000	
贷：固定资产——A 产品线——机器设备		1 200 000
借：银行存款——A 产品线——内部银行	600 000	
贷：固定资产清理——A 产品线——机器设备		600 000

第二步，B 产品线调入该固定资产的账务处理：

分录	借方	贷方
借：固定资产——B 产品线——机器设备	1 200 000	
贷：累计折旧——B 产品线——机器设备		600 000
固定资产清理——B 产品线——机器设备		600 000
借：固定资产清理——B 产品线——机器设备	600 000	
贷：银行存款——B 产品线——内部银行		600 000

第三步，B 产品线调入该固定资产后按月计提折旧：

分录	借方	贷方
借：制造成本——B 产品线——×× 部门——×× 项目	10 000	
贷：累计折旧——B 产品线——机器设备		10 000

5. 公共费用分摊的处理

每笔费用的发生应尽可能细分到产品线，财务部、人力资源部等部门不宜直接对应产品线的费用，应在会计期末（绩效考核期末）按照一定的标准分摊到各产品线。分摊标准包括收入规模、人数、成本动因等。

6. 虚拟记录各产品线的财务费用

财务部根据产品线资金额度（包括现金和银行存款）、内定资金占用费率（如年利率 6%）虚拟记录各产品线的财务费用。虚拟记录的产品线财务费用视

同产品线向公共平台存贷款利息。

【例 1–4】A 产品线的月初资金如表 1-2 所示。A 产品线向公共平台融资 3 344 400 元。月底 A 产品线内部利息费用为 16 722（3 344 400 × 6% ÷ 12）元。

表 1-2　A 产品线的月初资金

单位：元

科目	账户	借方	贷方
现金		5 600	
银行存款	建行 001 账户	100 000	
	建行 002 账户	6 200 000	
	工行 003 账户		650 000
	内部银行		9 000 000
合计		6 305 600	9 650 000

第一步，确认 A 产品线的内部利息费用：

借：财务费用——A 产品线——内部利息　16 722

　贷：银行存款——A 产品线——内部银行　16 722

第二步，确认公共平台内部利息收入：

借：银行存款——公共——内部银行　16 722

　贷：财务费用——公共——内部利息　16 722

财务费用内部利息的余额为 0，不影响子公司会计报表数据。

7. 在财务软件中定义各产品线维度的会计报表

常用的财务软件都有此功能，财务部可以灵活实现会计报表自动抓取，最后再根据各子公司产品线报表合并生成集团层面的产品线合并报表。

三、两维账务核算体系的意义

尽管两维账务体系的建设不尽完善，但从账务核算的结果看，基本目的都已实现。

第一，从资源配备看，单一账套下财务人员占公司总人数的比例一般为

1%~1.5%，财务软件的收费依据一般为账套与站点多寡，两维账务模式在实现财务数据精细化的同时不增设账套，节省了人力、物力。

第二，在账务处理时，录入了更多的辅助信息，可使财务数据更明晰。从法人和产品线两个维度生成的会计报表同出一源而又互相独立，使报表编制更加严谨。

第三，从企业集团、跨国公司管理变革的潮流看，矩阵式、扁平化管理是趋势，两维账务核算迎合了公司矩阵式管理的需要。将管理思维融入传统账务核算，可以从预算、分析、决算、考核四方面"一条龙"支撑矩阵管理模式。

第四，相比单一维度的账务核算，两维模式下预算控制、财务分析、成本管理的对象更明确，财务管理有的放矢，能有针对性地服务于各利润中心。

第五，因核算颗粒度更精细，与之对应的预算管理、标准控制、审核审批必然也更细化、更规范。例如，一笔费用的发生就需要得到法人与产品线两个维度主管的审核，这样很自然地可以强化制衡机制，完善公司内部控制。

第六，随着集团精细化管理要求提升，两维核算可以向三维、四维迈进，如华为技术的核算维度就有子公司、产品线、客户群、地区部等。二维模式的原理可复制到更多维度，通过增加账务核算维度使财务数据的实现更及时、更准确、更可靠、更明细，进一步提升财务对业务发展的支持。

第三节　新设企业的账务规划

很少有人研究新设企业的账务规划，原因在于：一、新设企业往往规模较小，难以引起关注；二、新设企业往往都是创业型组织结构，不单设财务机构，缺乏有效的内控机制；三、新设企业的财务人员往往资历有限，其难以吸引职业财务经理人的加盟。

一、账务规划是一个单位会计核算的源头

有些企业的账务规划非常粗，有些过细，有些则是生搬硬套其他企业的

做法，这种不能与企业的发展阶段相匹配的账务规划自然不会符合企业的实际需要。

粗浅的账务规划大多是小企业中水平不高的财务人员自己完成的，由于他们没有经历过正规的账务作业、没接触过复杂的财务核算体系，因此只能规划出粗浅的核算框架，缺乏前瞻性，未做到明细化。例如，有些企业管理者提出进行部门费用考核，但财务核算体系却不实行部门核算。

过细的账务规划一般出自大企业财务人员之手。有些曾在大企业任职的财务人员来到小企业后，由于他们不熟悉小企业的环境，再加上急于表现，以期获得老板的赏识和认可，会把原企业的一些做法拿来套用。

二、新设企业账务规划应关注的点

1. 未来能满足多维度、多口径提取财务数据的需要

一般来说，核算的颗粒度越细，数据的价值越高。例如，华为的财务数据要同步做到分区域、产品线、客户群等维度核算。

2. 适应未来组织结构调整进行账务对接的需要

随着企业的发展壮大，组织结构调整会是常态，但会计账务初始化不应成为常态，这就需要企业在做账务规划时考虑到未来组织架构变革的可能，预留出端口。

3. 满足未来科目扩容的需要

企业较小时，会计核算相对简单，涉及的会计科目不多，甚至只会用到几个会计科目。做账务规划远见很重要，财务负责人应畅想企业未来业务的扩张，预留出将来可能用到的科目。

4. 财务软件的遴选与未来公司信息化的接驳

财务软件与公司的 OA 及其他办公软件打通是趋势，财务软件二次开发是否便捷是关键。

5. 成本费用的归集、收入的确认依据要清晰

会计核算的重头戏，一是成本、二是收入。账务规划时把收入、成本在明细科目与辅助核算上框定清楚，会计数据的可参考性会更高。

6. 合理进行税收筹划的需要

税收筹划的要诀是早一些动手，事先的账务规划要优于事后做账务调整。例如，研发费用加计扣除，需要准确归集成本；增值税涉及高低税率时收入要分别确认。

三、账务规划的基本要求

科学、合理的账务规划是组织会计工作、进行会计核算的前提。虽然在实际工作中有不同选择，但是企业的财务规划都应符合以下三个要求：

第一，适合本单位所属行业的特点，即在设计会计账务处理程序时，要考虑企业组织规模，经济业务性质和繁简程度，同时，还要有利于会计工作的分工协作和内部控制；

第二，正确、及时、完整地提供本单位各层次、各维度的会计信息，在保证会计信息质量的前提下，满足各部门、各岗位和社会相关监督机构的信息需要；

第三，账务处理程序应力求简化，减少不必要的环节，节约人力、物力和财力，不断地提高会计工作的效率。

第四节　会计凭证摘要的书写要求

会计记账凭证摘要的书写要与单位的实际业务紧密结合，力争做到便于查询、统计、汇总、分析，同时摘要应语义通顺、简明扼要。摘要书写规范一方面是会计基础工作扎实的体现，另一方面也可方便今后的工作。

根据《现代汉语词典》的解释，“摘要”是名词，意为“摘录下来的要点”。何为“摘录”，指“从书刊、文件等内容里选择一部分写下来”；何为“要点”，指“讲话或文章等的主要内容”。可以这样理解，“摘要”就是选择主要内容并写下来。

会计凭证摘要是在记账凭证和会计账簿中，对经济业务往来主要内容的简要记录。摘要要求简明扼要，那到底怎么写才算规范呢？会计凭证摘要的书写规范如表 1-3 所示。

表 1-3　会计凭证摘要的书写规范

书写规范		具体要求
1	摘要与业务真实一致	在实际工作中，因会计人员笔误、对业务不理解以及故意隐瞒业务真相等，会导致摘要与凭证的附件不一致。例如，附件是餐饮费发票，摘要记录为“报销员工交通费”。报销存在替票现象时，摘要很容易出现此类问题
2	格式统一	摘要应为完整的主谓宾句式，写清楚部门、经办人、经办事项，如“财务部李四借差旅费”。凭证摘要的书写要求虽不像会计科目那样规范标准，但作为会计人员，应努力提高自己对经济业务的表达和概括能力，力求使摘要的书写标准化、程式化
3	简洁明了	摘要应以简洁明了的语言把意思表达完整。“简洁”的量化标准是每条摘要力争控制在 15 个字以内，“明了”则是指不能出现歧义。例如，采购部李三借款购买原材料，就不能记为“采购部李三借款”，这会让人误解为“李三个人借款”，正确的写法是“采购部李三借购料款”
4	一事一记	现行的借贷记账法和会计基础工作规范允许编制一借多贷、一贷多借以及特殊情况下多借多贷的分录。对于一借多贷、多借一贷、多借多贷的分录，应分别撰写摘要，不能一条摘要管到底
5	对于反复发生的经济事项，需注明时间	如“2016 年 6 月房租分摊”“计提 2016 年 5 月建行贷款利息”。这样记录的目的是防止发生漏记、重记，且便于查账
6	对于频繁发生的经济事项，有必要注明数量	如“财务部采购联想电脑 2 台”。这样注明后可以不用翻阅后面原始凭据就能做统计分析
7	更正会计分录时，摘要应说明原错误凭证的凭证号	如“更改 2016 年 1 月第 35 号凭证”。如果更正错账时没有原始凭证或附件，那么摘要应写明冲账原因或业务内容，如“更正 ×× 号凭证错账：冲减退货进项税额”

第五节　会计凭证断号的处理办法

会计在做账时如果删除了凭证，凭证就会断号。会计凭证断号了怎么办？终极思维应该是避免删除凭证，做错的保留，红字改正。但会计人员一般不愿意做红字，不愿意留下自己做错账的痕迹。这就需要考虑怎么填补断号了。思路是把最后的分录移植过来，但要注意一个问题，不可让票据时间超前于记账时间。

对于凭证断号，相信大多数会计人员在月末结账时都遇到过。现在绝大多数企业都做到了使用财务软件记账，由系统记录的会计凭证应该是连续的，其编号也应是连续的，那么，凭证为什么会断号呢？

根本原因在于，会计人员记账后，因种种原因删除了某些凭证。前面的凭证被删除了，财务软件在功能上没有实现后方凭证编号顺序前移，也没有实现让最新记录的凭证递补断号。

如何避免凭证断号呢？根本原则是做到不删除凭证。达成此目的，一方面需要会计人员提升专业素养，工作更认真，避免出错；另一方面，错误发生后，不要删除凭证掩盖错误。凭证做错了，怎么改正呢？规范做法是用红字做一遍原分录，冲销错误分录的影响。

在实际工作中，会计人员大都不愿使用红字分录去更正错误，特别是当错误发生在当月的时候。原因有以下两方面。

第一，不愿意留“痕迹”。一般企业会计核算制度都会规定，会计人员在做红字分录时要写出错误原因，报经财务领导签字确认。这无异于要求会计人员把错误赤裸裸地曝光，估计没有几个会计人员内心愿意这么做。

第二，图省事。相对于做红字分录，直接删除原错误凭证更为省事。一方面少做了一份凭证，另一方面省去了向领导做解释说明的过程。

如此一来，凭证断号的现象就会客观存在，并且会长期存在。针对这种现象，企业该如何从技术层面解决呢？

最简单的思路是一一改写凭证号。但问题在于，清理断号时往往濒临结账。如果凭证量大，改写的工作量可能会很大。例如，一个月有 2 000 份凭证，第

500 号凭证被删除了，等于要把 501~2 000 号全部改正。此外，会导致之前打印出来的纸质凭证和软件系统里的凭证不匹配，编号对不上。可见，逐一手工修改凭证号，一则不严谨，再则没必要。

真正可行的方法是什么呢？后号前填，意思是把尽可能靠后的凭证提前，填补断号。但这么做有个细节要注意，即“后号”业务发生的时间，在选择凭证填补断号时，要考虑发票和原始单据的时间影响。

如果后面的凭证不适合填补断号，还有一个可行的方法。尽量选择时间因素不明显的分录填补断号。具体言之，可以用诸如计提折旧、费用分摊、计提减值、预提费用等分录填补断号。这类分录一般在月末结账之前才记录，以之填补断号对整个做账几乎不会造成影响。

凭证断号虽是小问题，但有时会折射出大问题。频繁删除凭证本身就是会计基本技能不过硬的表现，有时还会衍生出随意篡改账务、内控不严谨的问题。

凭证断号的出现是不应该的，填不好断号就更不应该了。

第二章 会计实操

第一节 会计科目的历史变迁

会计科目是按照经济业务的内容和经济管理的要求，对会计要素的具体内容进行分类核算的科目。下面说一说税金及附加、业务招待费、销售费用等会计科目的历史变迁。

一、预提／待摊费用

预提费用与待摊费用都去哪里了？预提费用的特点是受益、预提在前，支付在后。待摊费用的特点是支付在前，受益、摊销在后。这两个科目在新《企业会计准则》中已经取消了。原“待摊费用”可以通过“预付账款”和“其他应收款”科目核算，原“预提费用”可以通过“应付利息”“其他应付款”等科目核算。

二、税金及附加

利润表中“税金及附加”科目的曾用名为：主营业务税金及附加、营业税金及附加。这两次名称变化与会计准则变革以及税务变革息息相关。提醒会计人员注意，以前我们把房产税、土地使用税、车船税、印花税在管理费用科目下核算，现在变了，要改在“税金及附加”科目核算。

三、业务招待费

估计90%的会计人员没有把业务招待费的账做对。业务招待费正确的做账方法是计入“管理费用”，企业在筹建期间发生的业务招待费，可计入“长期待摊费用——开办费”。一旦企业开始正常经营，业务招待费就不能在销售费用、研发费用、生产成本、制造费用、在建工程等科目归集，已归集的要调整至管理费用科目。

四、销售费用

销售费用曾改名为营业费用，后来又改回销售费用。我更认可销售费用这个名称，营业费用太抽象。企业所有经营管理活动都可以叫营业活动，因之发生的费用都可以称之为营业费用。这样一来销售费用、管理费用、财务费用、研发费用都可涵盖其中。销售费用则不一样，定位很准确，锁定的是市场销售行为。

五、所得税

所得税在利润表中的列示经历过重大变化。所得税曾经不是作为费用存在，而是作为利润分配的一种形式。《中华人民共和国公司法》(以下简称《公司法》)出台后，股权意识提升，所得税还原了它的真实面貌。对股东而言，所得税是企业被强制承担的费用。利润只有交完了所得税后才真正属于股东。

第二节　长期挂账的“其他应收款”的处理

长期挂账的其他应收款该怎么处理呢？很多会计人员的第一想法是找发票报销，却苦恼于找不到合情、合理、合法的发票。没有发票该怎么办呢？如果有证据表明是费用，同样可以入账，只是费用不能在所得税前扣除。既没有发票，又没有证据表明是费用，这种情况下直接入账可能还会面临偷逃个税的风险。怎么处理更合适呢？我建议计提坏账。

经常有读者问我，企业长期挂账的其他应收款该如何平账。谁都清楚，这些“其他应收款”绝大部分是收不回来的，包括没有取得发票的费用、送出去的“人情”、股东借款以及变相的薪酬。当初之所以把它们记作“其他应收款”，其中有许多既现实又无奈的原因。

现在的问题是，账务要规范化，企业要降低税务风险，长期应收款该如何平账呢?

一、凭票入账不等于找替票入账

会计人员有根深蒂固的凭票入账的观念。很多人在找不到合情、合理、合法的发票报销的情况下，会想走“邪路”，找替票报销。这种做法是不合规的，会计人员会因此承担一定的法律风险。

二、没有发票也可入账

如果费用真实发生却没有发票该怎么办呢? 无需着急，没有发票也可以入账。如果有证据表明其他应收款是挂账的费用，证据如收据、小票等，同样能以费用名义入账，只是这部分费用不能在所得税前扣除。

为什么费用发生了，却没有发票呢? 开不出发票的情形并不多，因为买单的一方有优先选择权。大多数时候，并非对方不开具发票，而是企业选择了不要发票。例如，商家为了逃税，会提出不要发票可以降价。不少企业会选择要低价格，不要发票。这样的选择要谨慎，不要发票虽能降低点价格，但后续会多交所得税，还可能减少增值税的抵扣额。

三、不能证实费用真实发生的，有偷逃个税的风险

极端的情况是，既没有取得发票，又没有证据表明挂账的其他应收款是费用。这时做账要小心了。这种情况下直接记入费用，除了不能在所得税前扣除，还可能面临偷逃个税的风险。这时税务会把这种情况视同企业给员工发放薪酬福利；如果是企业外部人员借款，可能会被视为劳务费支出。

四、计提坏账也是一种处理方式

此时怎么处理更合适，有没有稳妥点的办法呢? 可考虑计提坏账，做资产

减值处理。其他应收款也是能计提坏账的。

五、股东大额借款很敏感

还有一种情况是股东从企业把钱拿走了。这是很敏感的事情，如果金额比较大，上述处理方式都不适用。按照税务的规定，股东借款当年没有归还，且不能证明是用于生产经营的，税务会将之视作分红。不少企业的大股东个人资金、企业资金不分，或许无心逃税，但有可能会“躺着中枪”；也有股东为了偷逃个税，将工资、奖金、分红等长期挂在其他应收款，这种情况会受到税务处罚。

总之，会计人员要记住，做账与计税是两个不同的概念。针对长期挂账的其他应收款，应分类处理，属于费用的费用化；属于薪酬、分红的，应补交个税；实在收不回来的借款，会计在做账时根据企业的会计政策计提坏账即可，只是计提的坏账能否税前扣除需得到税务认可。

第三节　企业向个人借款的账务及税务处理

企业找个人或其他公司拆借资金，会计做账时应记入“其他应付款”，不能记入“短期借款”或“长期借款”。支付的利息要想在所得税前扣除，就必须到税务代开发票，没有发票是不能税前扣除的。但并非取得了发票就能全额扣除，还有一个要求，所付利息超出同期银行贷款利息的部分不能在所得税前扣除。

当企业资金紧张时，对外融资是必然。企业可以通过向银行借款、企业间拆借，甚至向个人借款来渡过资金短缺的危机。本文要讲的是企业向个人借款时账务和税务的处理方式。

一、一定要签订借款合同

企业向个人借款时，一定要签订借款合同，合同中要约定清楚借款期限和借款利息。之所以重点提到借款合同问题，有以下几个原因。

（1）明确债权债务关系后，可以避免后期不必要的争执和麻烦。

（2）应对未来企业向个人还款时的金融管制。企业向个人转款，如果没有正当理由，总金额是有限制的。企业只有向银行出具借款合同，才能正常向个人转款。

（3）当需要个人到税务代开借款利息发票时，税务机关也会要求出示借款合同。

二、借款的账务处理

个人把资金借给了企业，对企业来说需确认为债务。企业在进行会计账务处理时，不能走“短期借款”或“长期借款”科目，短期借款和长期借款主要核算企业向金融机构的借款。企业向个人借款，只能通过“其他应付款”科目进行核算。

1. 借款时

借：银行存款

　贷：其他应付款——个人借款

2. 还款时

借：其他应付款——个人借款

　贷：银行存款

3. 企业向借款人支付利息

企业向借款人支付利息时，记入“财务费用”科目：

借：财务费用——借款利息

　贷：银行存款

　　其他应付款——代扣个税

三、借款利息的涉税处理

企业向个人支付利息，个人自身不能开具利息发票。问题是，利息没有发票，税务以票控税，不会认可此费用在税前扣除。企业在年度纳税申报时，需要将此利息费用做纳税调整。

个人要想取得利息发票，须携带借款合同等资料到税务申请代开。税务代开的发票名目多为“资金使用费”。

税务代开的是增值税普通发票，税率3%，税额需由个人（债权人）先行缴纳。此外，个人（债权人）取得利息收益，代开发票时还要缴纳20%的个税。

【例2-1】张三借给甲公司100万元，约定年利率12%（含税），一年期满后甲公司向张三还本付息112万元。张三缴税情况如下：

增值税 =［（1 000 000 × 12%）÷（1+3%）］× 3% = 3 495.15（元）

个税 =［（1 000 000 × 12%）−3 495.15］× 20% = 23 300.97（元）

两税合计能占到利息总额的22.33%。个税需要企业代扣代缴，增值税要求个人自行缴纳。

现实中，个人（债权人）往往会要求企业（债务人）承担开票税费。如果由企业（债务人）承担税费，企业（债务人）只能将之记入“营业外支出”科目，且不得在所得税前扣除。

借：营业外支出——代交税费

　贷：现金

对于企业来说，取得了资金使用费发票，利息费用是否就能税前全额扣除呢？不一定。还要对照税务认可的扣除标准，即不高于金融机构同期的贷款利率水平。在金融机构贷款利息水平之内，允许所得税前扣除。超出了，超出部分不得扣除，须做纳税调整。

企业向个人借款，如果个人向税务申请代开发票，税费要由企业承担，且部分利息尚不能在税前扣除，找税务代开发票最合适的处理方法是什么呢？开票金额为仅能税前抵扣的金额。

第四节　从商超购进的购物卡的会计处理

销售购物卡不等于销售商品。为避免税务风险，购买方不能简单地凭发票名目确认费用，而应根据购物卡的实际用途进行会计处理。

对销售方而言，销售购物卡不符合收入确认的要求，收到的款项本质是预收账款。在纳税时点上，现行做法是购物卡出售时须同步缴纳增值税。

有读者曾向我提问：“单位从超市购买购物卡，会计该如何做账？是否可以直接按照发票名目记作‘办公用品费’，这样处理有没有税务风险？”

估计许多会计人对这一问题都心存疑惑。可惜提问只涉及了购买购物卡的一方，另一方呢？商家该如何对购物卡记账、如何进行税务处理，同样也是值得思考的问题。

购物卡销售由于涉嫌逃避国家税收、易滋生腐败及扰乱金融秩序等原因，曾多次被禁止使用。但由于其便利性，且能对商家起到提前回笼资金、减少现金流通、促进商品销售等作用，市场中依旧存在。

下面我们分别站在购买方与销售方的角度来分析购物卡的会计处理与税务处理。

一、购买方

对买家而言，购买购物卡只是取得了提货的权利，并非真正消费，其本质是预付账款，实际消费之前应作债权核算。

购买购物卡时或许能从超市全额取得办公用品名目的发票，但这只是形式，并不代表费用的实质。因此，会计记账时直接记作“办公用品费”是不恰当的。特别是当金额较大或取得增值税专票时，会存在一定的税务风险。

购物卡如何记账取决于购物卡的用途。如果购物卡是企业内部使用，行政部门用作办公用品采购，可以记为“办公用品费”；如果购物卡用于给员工发放福利，这时需记作“职工福利费”，且需并入员工薪酬代扣代缴个税。

现实中，有些企业购进购物卡后用于对外赠送。如果这一目的是明确的，送购物卡与送礼品本质上没有区别，这时购物卡支出须记作“业务招待费”。根据现有会计准则，账务处理如下：

借：管理费用——业务招待费
　贷：银行存款
借：营业外支出——代交个税
　贷：应交税费——应交个人所得税

送礼应按“偶然所得”项目代扣代缴20%的个人所得税，名义上该项个人所得税需由收礼人支付，实际操作中都是由企业代付。企业代付的这部分个税不属于正当的经营活动支出，因此，在年终汇算清缴时应调增应纳税所得额。

二、销售方

对销售方而言，出售购物卡不代表真正实现了收入。商家在销售购物卡时，不能确定持卡人要购买哪种商品，更谈不上风险和报酬的转移，显然不符合收入确认的主要条件。销售购物卡收到的款项本质是预收账款，因此商家销售购物卡时，会计应记作“预收账款”，待购物卡实际消费时再结转为收入。

再一个问题就是，商家销售购物卡后，一般要同步开出发票。这就造成了商家开票时间与确认收入时间不一致，此时纳税时间该如何确定，历来都有争议。一种观点认为，应当按开具发票或收款的时间，即按销售购物卡的时间纳税；另一种观点认为，货物实际发出的时间才是纳税时间。

在实际执行过程中，税务为了方便管理，不以商家开具发票的金额申报纳税，而是以POS机实际收到的货款金额申报纳税。因为购物卡在出售时就收到了款项，自然也要同时缴纳增值税。

第五节 “磅差”的会计处理

磅差是指供应商发货前过磅数量与货物到采购方之后过磅数量的差异。它实际反映卖方发货的实际验收数量与合同约定的数量之间的差额。磅差不超过有关主管部门规定（没有主管部门规定的由当事人约定）范围的，不按多交或少交论处，双方互不退补；超过规定范围的磅差，按照实际交货数量计算多交或少交的数量。

采购材料入库时，库管人员、采购人员、财务人员对材料数量（件数、重量、长度等）的核对涉及三个方面：合同数量、发票数量、验收数量。理论上，这三个数量应当一致。但在实际中，因各种原因经常会出现不一致的情况，甚至这三个数量互不相同。这就是制造型企业购入原材料验收时经常出现的“磅差”问题。针对磅差，会计账务应当如何处理，本节将分不同情况进行详细说明。

一、合同数量 = 发票数量 < 验收数量

如无特殊情况，供货方交付商品时，开具发票的数量（以下简称“发票数量”）应与签署的合同数量相等。移交商品时，若实际验收入库的数量（以下简称“验收数量”）大于发票数量且供货方不知情，无论差异多大，购货方通常不会主动告知供货方。此时购货方往往会按照发票数量填写入库单，同时库管人员对此差异做好备查账登记，待盘点时可做盘盈处理。

若实际验收数量大于发票数量且供货方已知情，则根据验收数量与合同数量、发票数量间的差异大小进行处理：若差异较大且超过合同约定的差异范围，采购人员须及时通知需求部门，决定是退掉多余部分还是接收差异部分。如拟接受多余部分，则经相关领导审批后办理合同变更，同时要求供货方补开差异部分的发票，最终财务部按照实际数量与供货方进行结算；若决定退掉多余部分，则直接退回，并按合同数量、金额进行结算，以免造成资金占压。

验收数量与发票数量差异较小时，在供货方不额外要求增加货款的情况下，可遵循以下三种处理方式。

（1）材料入库单上的数量与实际入库数量保持一致，总金额与发票保持一致，摊低采购单价。此方法等于将合理溢余摊入材料单价中，优点为仓库账、财务账与实际一致，实际操作时适用于误差为称重物资重量的5‰以内的情况。

（2）材料入库单上的数量、金额与发票数量、金额保持一致，同时仓库须将差异登记做备查账，并按照该材料领用数量及次数，分次分摊计入各批次领料中。此方法较为合理，对于单价较高且到货量较多的材料，不会因为将差异一次性领出而影响当月产品成本。但是，这种处理方式操作流程较为复杂，在实际操作中不易实现。

（3）材料入库单上的数量、金额与发票数量、金额保持一致，同时在材料

入库当月由采购人员申请填写材料出库单，经相关领导审批后，将差异一次性领出。月底财务将合理损耗（溢余）的出库单汇总，计入制造费用进行摊销。此方法操作性较强，在实际中应用较多。

二、合同数量 = 发票数量 > 验收数量

一般以发票数量的 5‰为基准，根据合同数量与验收数量差异大小不同，可分为两种情况。

第一种情况是合同（发票）数量大于验收数量，幅度超过发票数量的 5‰，此时采购人员需根据签订合同时与供应商约定的结算方式（如多退少补）、交货地以及结算要求，及时与供应商进行协商，并以协商后的材料数量、价格为准开具发票。另外，也有一些企业与供应商选择与第三方单位签订合同，过磅时，以第三方单位确认的数量作为材料入库的数量，并开具发票。此方式避免了与供应商发生扯皮现象，流程上虽处理简单，但成本较高。

第二种情况是差异幅度小于发票数量的 5‰，且差异幅度属于合理损耗范围。这种情况下有三种处理方式可供选择。

（1）材料入库单上的数量与实际入库数量保持一致，总金额与发票保持一致，摊高材料单价。此方法将合理损耗摊入材料单价中，优点为仓库账、财务账与实际一致，适用于合理误差为称重物资重量的 1‰以内的情况。若超出此范围则易导致财务记账不严谨，且具有税务检查风险，必要时须将差异部分的进项税额转出。

（2）材料入库单上的数量、金额与发票数量、金额保持一致，同时仓库须将差异做备查账，并按照该材料领用数量及次数，分次分摊计入各批次领料中。此方法较为合理，对于单价较高且到货量较大的材料，不会因为将差异一次性领出而影响当月产品成本，但是流程较为复杂，在实际操作中不易实现。

（3）材料入库单上的数量、金额与发票数量、金额保持一致，在材料入库当月需由采购人员申请填写材料出库单，经领导审批后，将差异一次性领出。月底财务部将合理损耗的出库单汇总，计入制造费用进行摊销，同时按年汇总各家供应商本年“缺斤少两”的数量及金额，汇总结果可作为选择供应商的依据之一。此方法操作性较强，在实际中应用较为普遍。

三、合同数量≠发票数量=验收数量

1. 合同数量>发票数量=验收数量

合同数量与发票数量不一致的情形较少发生，采购特殊定制材料或不易截取的材料时可能出现。此时，若发票数量与验收数量一致，但合同数量大于发票数量，根据差异大小有两种处理方式。

（1）若差异较小，且差异不足以影响企业生产，则办理合同变更，并按照实际到货数量、金额进行结算。

（2）若验收数量小于合同数量且差异较大，且可能影响企业生产，采购人员须及时与供应商联系，同时知会需求部门，研究是否有必要补发合同数量与验收数量差异部分，如分析后认为少发货的数量可能影响企业生产进度，则要求供货方尽快补发货。如已到货数量满足现阶段情况，则可按照实际验收数量、金额进行结算，同时办理合同变更。

2. 合同数量<发票数量=验收数量

若是合同数量小于发票数量，而发票数量与验收数量一致，此时也有两种处理方式。

（1）比较合同数量、金额与发票数量、金额的差异，如差异较小且在合同规定范围之内，可协商办理合同变更，并按照实际到货数量、金额进行结算。

（2）若实际到货数量大于合同数量且超出合同约定范围，须及时与需求部门联系，确认是否可接收超过合同数量部分的材料，若经过领导审批后接收，则按照材料实际验收数量办理合同变更，并完成结算；若经分析后，超出合同部分数量企业暂用不了，则尽快办理退货，避免形成呆料或账龄较长的存货，造成资金占压。

四、合同数量≠发票数量≠验收数量

若合同数量与发票数量以及实际验收数量均不相同，则须先联系供应商，再比较实际验收数量与发票数量、合同数量的差异，根据情况选择处理方式。

1. 合同数量≠发票数量<验收数量

（1）若验收数量大于发票数量，且差异部分在企业可接受范围之内，则根据实际验收数量补开发票，同时办理合同变更。

（2）数量差异较小时，可与供应商进行谈判协商，将差异部分作为商业折扣，视同获取相应优惠，同时流程上只需办理合同变更。若供应商有较强竞争优势且打算长期合作，此时可与其协商，按照发票数量办理材料验收入库，同时将合同变更为与发票数量、金额一致，待下次采购时将差异部分计入新的合同。

（3）若此次采购为“一锤子买卖”，则须一次结算清楚。

（4）如因开票失误造成，实际验收数量大致与合同数量一致，但开票数量明显小于验收数量与合同数量，此时须补开（增值税）发票，同时要求供货方办理合同变更。

2. 合同数量≠发票数量＞验收数量

（1）若验收数量小于发票数量，且差异部分足可影响生产进度或因其他原因企业不可接受，则可与供应商协商，尽快补发差异部分材料，同时办理合同变更。

（2）若验收数量小于发票数量，但差异较小，可采取与供应商协商的方式，按照发票数量办理材料验收入库，同时将合同变更为与发票数量、金额一致，待下次采购时补齐差异部分。

（3）若因开票失误造成，当验收数量大致与合同数量一致，但开票数量显著大于验收数量，此时须退回发票，并要求供货方以实际验收数量为准开具（增值税）发票。如果此材料需要长期采购使用，或供应商开具的增值税专用发票已“跨月”，考虑到税务局办理重新开票手续太过繁琐，财务部一般暂按发票数量入账，仓库保管人员登记差异备查账，同时要求供货方补齐差异部分的材料数量。

第六节　让人为难的会计分录

如果把会计工作比作一门技艺，做会计分录无疑是这门技艺的基本功。大多数会计人从事会计工作都是从这门基本功练起的。实际工作中，很多会计人知道如何做分录，却不知道为何如此做分录。书上没写过，老师没教过，自己也没有琢磨过。下面的内容讲述了会计分录背后的故事。

一、多借多贷的会计分录尽量少做

会计分录的借贷方应一一对应。一借一贷、一借多贷、多借一贷都是规范的做账方式。我还清晰地记得，上大学时老师讲《基础会计》，明确说不允许做多借多贷的分录。参加工作后，我一直牢记这一教诲，做账时尽量避免出现多借多贷。但多借多贷的分录不时还会看到，是真避免不了吗，其实这是思路不清造成的。

二、利息收入会记两个借方

会计分录须遵循“有借必有贷，借贷必相等”。实务中会计们并没有严格这么做。最常见的，做利息收入分录时，会计基本会把分录做成两个借方，“借：财务费用（红字），借：银行存款”。道理是什么呢？是为了取数方便，做费用分析时只看借方发生数就行了。

三、分录做错了怎么改正

会计分录做错了怎么改正呢？如果当月发现，把分录直接改过来就行，只当错误不存在。如果跨月了才发现，在错误分录不影响会计报表时，可以在财务软件中反结账，把分录直接改过来，仍当错误不存在；要是错误分录会影响会计报表，那就必须做调整分录。正确的做法是，先用红字做一遍原分录，然后再做正确的分录。但是，即便是错误分录不影响会计报表，也不建议频繁使用反结账功能。

四、企业的第一笔分录与最后一笔分录

开办公司，第一笔分录必是，“借：银行存款，贷：实收资本”。公司关门，最后一笔分录是，“借：实收资本（资本公积、未分配利润），贷：银行存款”。一头一尾，都是股东的事。如是这般结局，实属幸运。怕就怕开头一般的热闹，

结尾是无比的凄清，“借：实收资本（资本公积），贷：未分配利润”。

五、发工资为何要通过中转科目“应付职工薪酬”

发工资为何要通过中转科目“应付职工薪酬”呢？有个说法是，工资先计提，后发放，计提了就成为负债，为区别于其他负债，因此单设了这一科目。那直接发放工资，总该可做分录为“借：管理费用——薪酬（销售费用、制造费用、生产成本），贷：现金”吧，为什么不这样简化呢？原因是简化后统计薪酬会不方便。

六、企业给员工代扣个税怎么做分录

企业给员工代扣个税怎么做分录，“借：应付职工薪酬，贷：银行存款，贷：应交税费——个税”吗？实际缴纳个税时，现金流量表中需要填列为“支付给职工以及为职工支付的现金”，而不是“支付的税费”。原因在于个税并非企业自身的税费，它是工资的一部分。个人认为代扣个税时分录记成“其他应付款——个税”更合理。

七、确认收入时建议尽量通过“应收账款”科目中转

确认收入时建议尽量通过“应收账款”科目中转。有的会计为了图省事，现金销售时直接做分录为“借：银行存款，贷：主营业务收入”。省事未必就是明智的，不妨多走一步，“借：应收账款，贷：主营业务收入；借：银行存款，贷：应收账款”。其中的好处在于：

（1）未来对账方便；

（2）可借助软件里的应收账款模块归拢客户数据。

八、销售折扣、现金折扣、销售折让的差别

销售折扣、现金折扣、销售折让有何差别？先说销售折扣，原价 100 元的商品 95 元卖出，做账时直接按 95 元处理，不体现 5 元的折扣。现金折扣指商品卖出后，想让客户快还钱，少收 5 元，这 5 元相当于应收账款贴现的代价，记作“财务费用”，但发票按 100 元开。销售折让是因商品有瑕疵而豁免部分货款，视同销售减少处理。

第七节　会计做账的疑点与难点

会计做账的疑点与难点问题会表现出几个特点：（1）非常规；（2）发生频率低；（3）面目模糊。会计人员对这些问题往往拿不准，不确定该如何处理。

问题 1：企业销售给出的佣金、返点、回扣等，会计如何做账？

先要分清佣金、回扣、返点给谁了。如果给单位，做销售折扣与现金折扣都无不可。未开发票，做销售折扣；已开发票，做现金折扣。如果给个人，做账就费劲了，这种事涉嫌违规。有的企业会找发票报销，有的会做成无票服务费，这两种做法都有税务风险。正确的做法是做成劳务费，并代扣个税。

问题 2：喝饮料时再来一瓶，会计如何做账呢？

常见的有四种方法：

（1）视同销售（这是标准做法，但对企业税负不利）；

（2）视同促销费用，将饮料成本计入销售费用，但要转出相应的进项税；

（3）与正常销售合并确定收入，等于做低平均销售价格（采用这种方法要和税务沟通清楚，说明这是企业的促销方式，不是隐瞒收入）；

（4）不做账务处理（不合规）。

问题 3：用资本公积、盈余公积、未分配利润转增实收资本，需要交个税吗？

所有者权益转增实收资本，自然人股东需要交个税吗？要求如下：

（1）由股东出资溢价形成的资本公积转实收资本，不需要交个税；

（2）其他途径形成的资本公积转实收资本需要交个税；

（3）盈余公积转实收资本，需要交个税；

（4）未分配利润转实收资本，需要交个税。

从本质上讲，（2）（3）（4）是企业经营中形成的利润，（1）是股东自己的投入。

问题 4：编制现金流量表时，银行存款定期利息该计入经营活动还是投资活动，活期利息该计入经营活动还是投资活动，购买理财的收益该计入经营活

动还是投资活动?

银行存款活期利息计入经营活动，定期利息计入经营活动与投资活动均可，购买理财的收益计入投资活动。

问题 5：A 集团投资 1 000 万元占有 B 公司 100% 的股权，投资 100 万元占有 C 公司 10% 的股权。A 集团拟将对 C 公司 10% 的投资以增资方式注入 B 公司，经评估该股权价值 2 000 万元，增资后全部增加 B 公司的注册资本。请问 A 集团对此事项的会计分录该怎么做，是否要确认投资收益?

这个问题的关键是 A 集团是否要确认 1 900 万元的投资收益。从实质看，A 集团这次股权置换并没有实际利益流入，A 集团对 C 公司的投资，最终控制人未发生变化。A 集团做账时将 1 900 万元股权增值先计入资本公积可能更合理，等未来实际转让时再确认投资收益。

问题 6：公交、地铁充值的发票是定额发票，这些发票能作为费用报销的凭证吗?

第一，公交、地铁充值实际是预付费性质，不代表费用实际发生。

第二，公交充值卡在商场、快餐店等场所有消费功能，这决定了费用属性存疑。用公交充值发票报销费用，须说明两点：（1）报销人为企业事务发生了交通费；（2）额度在合理区间内。否则，会被税务认定为发放薪酬。

问题 7：企业销售一批产品，含税价 117 万元。为促销，拟给出 10% 的折扣。对销售方而言，采用商业折扣合适，还是采用现金折扣合适?

当采用商业折扣时，收入 90 万元，销项税 15.3 万元；当采用现金折扣时，收入 100 万元，销项税 17 万元，计入“财务费用——现金折扣”的 11.7 万元不能税前扣除。这么算下来，采用现金折扣比采用商业折扣需多交所得税 2.5 万元，多交增值税 1.7 万元。

问题 8：增值税专用发票开错，被购货方发现了，如果对方尚未认证，该如何处理？如果已经认证，又该如何处理?

对方未认证，如果未跨月，收回开错发票的所有联次，作废处理；如果跨月了，需要开红票（开票方申请红票申请单）。如果对方已认证，不管跨月与否，都得开红票（认证方申请红票申请单）。

问题 9：企业给员工报销的置装费能在所得税前扣除吗？

报销置装费用分两种情形看。常见的情形是企业规定员工每年报销置装费的标准，然后自行找发票到财务部报销。这种情形等同于企业给员工发补贴，报销额度应并入员工工资计征个税。稳妥的方式是，企业统一制作并要求员工统一着装，这样发生的置装费可以作为企业合理支出税前扣除。

第八节　工会经费的计提、会计处理与使用范围

企业工会经费怎么计提、怎么使用、怎么核算？能说清楚的会计人并不多，因为绝大多数中小企业没有建立工会组织，会计也不计提工会经费。本节就说一说工会经费的那些事儿。

一、工会经费的计提

工会经费的主要来源有两项：工会会员缴纳的会费以及按每月全部职工工资总额的 2% 向工会拨交的经费。

（1）工会会员每月缴纳的会费标准为会员月基本工资的 5‰，会费不上缴上级工会。

（2）企业按工资总额计提的 2% 是工会经费的大头，这部分工会经费会计做账时计入管理费用。

计提工会经费有必要厘清“全部职工”和“工资总额”两个概念。全部职工包括在企业领薪的正式职工和临时职工，但不包括退休返聘人员、兼职学生；工资总额包括发放的各种工资、奖金和津贴。

企业计提的工会经费并非能自行全部使用，成立了工会组织的，按工会经费的 40% 上缴上级工会组织；未成立工会组织的，计提的工会经费全额上缴上级工会组织，再由上级工会组织返还使用，一般返回比例为 60%。当然，企业如果未成立工会组织，可以不计提工会经费（此点各地规定不一，一定要咨询清楚）。

根据最新规定，工会经费由地税来收缴，企业必须按月（季）向地税缴纳。企业在计算工资时应计提工会经费，准予税前扣除的工会经费必须是企业已经实际“拨缴”的部分，对于账面已经计提但未实际“拨缴”的工会经费，不得在纳税年度内税前扣除。

二、计提工会经费的会计处理

【例 2-2】某企业当月工资总额 10 万元，计提工会经费 2 000 元，其中 40% 上缴上级工会，其他 60% 划拨企业工会，会计处理如下所示。

1. 企业成立了工会组织

借：管理费用——工会经费　2 000
　贷：其他应付款——单位工会　1 200
　　　　　　　——上级工会　800

借：其他应付款——单位工会　1 200
　　　　　　　——上级工会　800
　贷：银行存款　2 000

2. 企业未成立工会组织

借：管理费用——工会经费　2 000
　贷：其他应付款——上级工会　2 000

借：银行存款　2 000
　贷：其他应付款——工会经费　2 000

三、工会经费的开支范围

工会经费主要用于职工的教育和工会活动，其开支范围包括以下几方面：

（1）宣传活动支出，包括工会日常组织的学习、劳动竞赛，举办各种报告会、展览会、讲座和其他技术交流的宣传费用，以及各种宣传工具的购置维修和集体订阅的报刊杂志等支出；

（2）文艺活动支出，包括工会开展业余文艺活动所需的设备购置费和维修费，举办联欢会、艺术展览等文艺活动的经费；

（3）体育活动支出，包括工会举办的各种体育活动的设备购置维修费、经费、运动用品和服装费；

（4）补助支出，包括工会会员的困难补助和职工集体福利事业的补助费用；

（5）工会干部训练费，是指培训工会专职人员的费用；

（6）工会行政费有关支出，包括工会专职人员的人员经费、办公费、差旅费等费用；

（7）工会专职人员的工资，由工会经费开支，其他各种待遇与本企业其他职工相同，由企业负担。

第九节　五险一金的缴纳规定与风险

当面试被问到薪酬要求时，建议你不要直接回答，应先问清楚面试单位的薪酬体系、涨薪机制、福利待遇、晋升通道，单纯的工资很多时候会带有“欺骗性”。

有些企业在社会保险与住房公积金缴纳上不合规，名义工资自然就会有水分。但有一点要记住，不管面试单位如何承诺未来收益，每月到手的工资不能低于预期。

企业雇用一名员工除了要发工资，还需要向政府缴纳五险一金。五险一金与工资挂钩，以在北京工作为例，单位承担比例为养老保险 20%、医疗保险 10%、失业保险 1%、生育保险 0.8%、工伤保险 0.3%、住房公积金 12%、总比例为 44.1%。如果企业给员工的税前工资为 10 000 元，那么企业实际承担的人工成本是 14 410 元。

一、企业按最低缴费基数给员工上社保，风险大吗

现实中，大公司、上市公司、国企，社保的缴纳基本是合规的。但有些民营企业，特别是中小型企业，社保和公积金的缴纳就不合规。为了降低成本费用，它们在给员工缴纳社保时没有严格按照法定缴费基数进行。这么做有老板的私心，也有企业的无奈，此中风险可以用“只闻雷声不见雨”来形容。

二、五险一金，想说爱你不容易

（1）养老保险：并非交得多退休后才能成比例拿得多。

（2）医疗保险：好多疾病与医疗救治不在医保范围内。

（3）失业保险：别以为没找到工作就能领取，还有好多条件呢！

（4）生育保险：男女都得交。

（5）工伤保险：是不是工伤要看48小时生死线。

（6）住房公积金：用了就是你的，不用就是公家的。

这五险，员工最看重的大概是养老保险和医疗保险。而养老保险退休后才能领取；医疗保险因为存在报销的起步线，很多身体好的年轻人都用不上。要知道，平时的体检支出并不在医保的报销范围内。

对于住房公积金，人们凭那点钱难以真正解决住房问题。对大多数人而言，因为买不起房，缴纳的住房公积金只能以活期的形式存在自己不能操控的账户内。有人说租房也能提取住房公积金，理论上可以，实际上很少有人这么操作，因为需要提交的资料会让人望而却步。

三、核算烦琐

各地缴存员工社保与公积金的比率是不一样的，而且一地之内又有户籍人口与非户籍人口之分，城镇户口与农村户口之别。就算很简单的Excel运算，几番核算下来，你会发现一天内做不完，因为要核实的细节太多。

第十节　年终奖的会计处理

年终奖不是企业的法定义务，员工拿不到愁，拿到了也愁。企业的年终奖政策一般都有鲜明的目的，一些民营企业甚至将它作为留住人才的手段。年终奖在个税征收上有优惠计算方法，但一年只能使用一次。年终奖在拐点会出现多发一元，个税多千元的“奇观”。

员工有权要求企业按时足额发放工资，但无权要求企业发放年终奖。年终奖可有可无，可多可少，并非企业对员工的法定义务。年终奖发放模式各有千秋。大型外企和国企很简单，年底或来年初一次给付，以春节前结清的居多。大型民营企业发放年终奖就很有策略了，例如，以前华为公司的年终奖在次年三季度才兑现，万达公司的年终奖需分几次兑现。在拿到年终奖之前提出离职的，有的企业明确规定不再发放年终奖。即便年终奖照发，一般也会打些折扣。如果年终奖可以抑制员工的离职冲动，发放时让人望眼欲穿、欲弃不忍，那么企业的留人策略就算成功了。

一、年终奖预提：符合条件可以税前扣除

在会计处理上年终奖可以在发放时作为费用，也可以先预提后发放。企业在年末计提但未发放的年终奖可以在所得税前扣除吗？这要分两种情形看：

（1）汇算清缴前已支付，可以在所得税前扣除；

（2）汇算清缴前未支付，所得税前扣除不了。

税务的这一规定应该算是仁慈的。鉴于此，企业应根据利润情况用好这一规定，尽量把纳税义务发生的时间往后移。

二、年终奖个税：一年只能优惠一次

月薪超过 3 500 元的（不含五险一金）：先用所得年终奖 ÷12 ，找到对应的税率；然后再用所得年终奖乘以对应的税率就是要交的个税了。

月薪未超过 3 500 元的（不含五险一金）：要先拿出年终奖中的一部分填足月薪 3 500 元；再用所得年终奖 ÷12，找到对应的税率；最后再用所得年终奖乘以对应的税率就是要交的个税了。

计算年终奖个税时，可把年终奖单独视为一个月的工资，但有优惠，体现在年终奖的总额除以 12 后确认税率。这样的优惠一年只能享受一次，出现第二次时，奖金并入工资计算个税。

三、个税摆乌龙：多发一元，个税多千元

年终奖在拐点会出现多发一元，个税多千元的“奇观”。大家对这一规定有过质疑，有过嘲讽，有过建议，但一切最终归于沉寂。

许多朋友对年终奖多一元，个税多千元不理解，解释如下：

（1）年终奖个税计算看似与月工资个税计算相同，实则不同；

（2）年终奖个税税率根据奖金总额除以 12 后确定；

（3）问题出在速算扣除数，年终奖个税的速算扣除数比照月工资个税的速算扣除数，但没有乘以 12；

（4）年终奖个税在档际间会出现断裂，致显失公允。

第十一节　生产制造型企业会计核算的增加项

生产制造型企业与商业企业有什么不同？本质上没有，盈利模式都是把东西买进来再卖出去。只是生产制造型企业在买卖之间多了个生产环节。因为有了这个环节，会计核算就需要增加成本会计岗位，多出了原料出库计价、工时统计、成本分摊等事项。可以说，生产制造型企业会计是最规范、最完整的会计。

肯德基属于服务型企业，还是生产制造型企业？可能很多人都没有认真思考过这个问题。它更像生产制造型企业。从食材采购，到薯条、汉堡、鸡翅制作完成，完全是典型的生产制造流程。只有等到门店对外销售时，才算是提供服务。推而广之，餐饮企业会计核算都应比照生产制造型企业进行，要有成本模块。这么说来，餐饮企业的会计核算远非我们想象得那么简单。

另外，生产制造型企业与商业企业在业态上有什么不同吗？从本质上看没有，盈利模式都是把东西买进来，再卖出去。但生产制造型企业在买卖之间多了生产环节，正因为多了这个环节，会计核算平添了材料领用、工时统计、成本分摊等诸多事项，财务部需要增加成本会计岗位。

这等于说生产制造型企业的会计比商业企业、服务型企业的会计多了一道工序，这道工序恰恰是企业会计核算最复杂的一环。可以说，生产制造型企业的会计是较规范、完整的会计。因为多掌握了成本核算的技能，这让生产制造型企业的会计人员多了一份竞争力，在职场上往往更受欢迎。

我记得大学学成本会计，老师讲到汽车制造厂时表示，汽车制造厂的工艺复杂，零配件繁多，一直是成本核算的硬骨头。因为有生产制造，就有了成本核算准确性之争，于是有了作业成本法。成本核算还需顾及成本效益原则，标准成本法因此而诞生。

成本如何在完工产品与在产品之间分配、如何在不同产品之间分配、如何在不同批次之间分配，这些问题十分复杂。约当产量、辅助生产成本、间接费用，这些概念还有多少会计人员记得呢？现在会计核算中已废止的后进先出法即脱胎于生产制造型企业的原材料领用。

也许今天的成本会计人是最后一拨能手工分摊成本的会计了。随着计算机技术的普及，ERP、OA已经打通了财务与业务的通道。许多大型企业集团，成本核算已经做到了全智能处理，也就是说成本会计岗位被软件替代了。

成本分录不再需要会计人员录入了，初一听由衷为会计人高兴，终于可以摆脱成本分配的苦差了。但细思之，又觉得有几分惆怅，缺失了成本核算，会计的魂魄还在吗？

惆怅归惆怅，不得不承认，技术的进步深刻地影响着会计，会计核算被人工智能取代在技术上已无障碍。不久的将来，会计人失去的不仅是成本会计岗位，还可能失去所有的记账岗位。

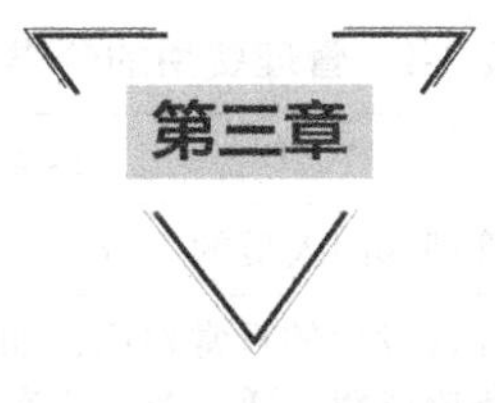

第三章

费用报销

第一节　费用科目的设置

费用报销有几个乱象：科目越加越多、重叠交叉，其他费用庞杂随意。造成这些乱象很大程度是因为会计人员对明细费用科目的设置缺乏前瞻性与系统思维。费用二级科目要做到不重、不漏、不乱、有序，应遵循几个原则：第一，依据费用性质分大类排序；第二，费用科目编号要留出扩容空间；第三，费用科目不可交叉；第四，其他费用要瘦身；第五，科目层级不要设置太多。

期间费用的核算是会计核算中发生频次最高的事项。我们这里指的期间费用主要是销售费用、管理费用，这两类费用都可设置若干明细科目，即二级科目。二级科目的设置应力争做到不重、不漏、不乱、有序。欲达成此目标应遵循几个原则。

一、依据费用性质分大类排序

以管理费用为例，费用可梳理为以下七类，如表 3-1 所示。

表 3-1　管理费用的分类

类别		具体项目
1	薪酬类费用	主要核算管理部门人员的工资、奖金、五险一金、福利费等
2	日常类费用	管理部门经常发生的日常费用，如办公费、交通费、图书资料费、差旅费、业务招待费、通信费、快递费等
3	专项费用	培训费、审计费、中介服务费等
4	办公场所费用	办公场所租赁费、物业费、水电气暖费等
5	摊折费用	固定资产折旧、无形资产摊销、长期待摊费用分摊等
6	资产减值	减值准备、存货跌价准备、固定资产减值、无形资产减值等
7	其他费用	上述分类不涵盖的费用

销售费用的分类与管理费用分类大致相同。区别在于销售费用中的专项费用主要为广告费、宣传费、市场推广费等，销售费用不包括资产减值。

区分费用大项，一方面便于管理，有利于事后分析；另一方面可以让费用归集有序，避免重复设置二级科目。

二、费用科目编号要留出扩容空间

二级科目的设置首先要保证当前费用都有记录之处，一段时间过后可能会有新的费用名目出现，费用科目自然也应相应增加。

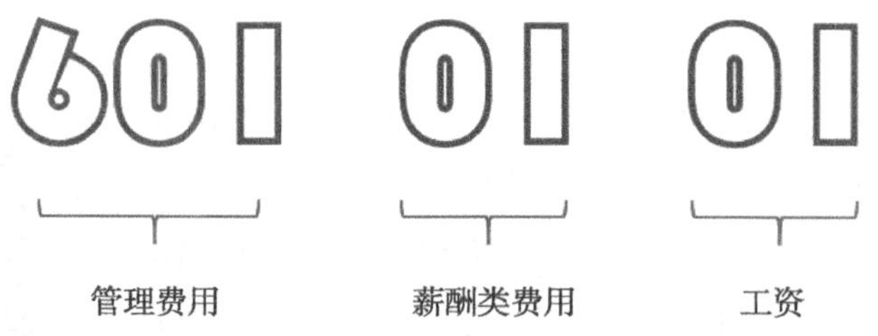

费用科目增加需要录入账务系统，新增科目编码以不打乱原有的科目体系为宜。如管理费用科目编号“602”，薪酬类费用的科目编号可以从“6010101~600199”。“601”代表“管理费用”，“01”代表“薪酬类费用”，“01~99”代表二级费用科目。“6010101~600199”一共可容纳 99 个二级科目，足可保证费用科目扩容。“管理费用——其他费用”科目编码一般会设置为“6019999”。

三、费用科目不可交叉

设置完每个费用的科目后，应确定它的核算范围，涵盖在核算范围内的费用名目不要设置二级科目。例如，业务招待费与礼品费，交通费与过桥过路费。如果需要将费用核算得更加明细化，可以平行设置不重叠多个科目。例如，将“五险一金”科目分解为“养老保险”“医疗保险”“工伤保险”“生育保险”“失业保险”和“住房公积金”六个科目。

四、其他费用要“瘦身”

如果费用二级科目设置得太少，费用归集时常找不到科目。一些会计人员为了省事，会将之记入“其他费用”，最后“其他费用”就成了费用垃圾筐。一时的省事，后果是后续的费用分析会困难重重。对“其他费用”瘦身，最好的方法是将经常发生的费用名目增设新的二级科目核算。

五、科目层级不要设置太多

费用核算要做到清晰，就需要减负。费用科目清晰也是减负精神的体现。建议费用核算到二级科目为止，避免设置三级科目。科目层级越少，出错的概率就越低。如果需要将二级科目核算的内容明细化，可以将明细项直接增设为二级科目。

第二节　费用报销的规范要求

费用报销是会计人员日常处理最多的事务，因为规范性强、重复度高、操作难度小，所以企业对此多不重视。但费用报销占到了会计凭证总量的70%以上，费用报销的规范程度直接影响基础账务工作的质量。

费用报销工作如同一面镜子，可以照见企业管理的方方面面。签字流程与权签额度体现了企业的内控水平，发票审核与费用归属可折射税控风险意识，有无公款私用、贪污浪费可甄别高管的廉政程度，费用动向则能透视企业运作效能。

一、重点关注涉税风险

费用报销时应重点关注发票合规性、费用归集、签字手续、预算等事项。其中，发票的合规性与潜在的税务风险高度关联。潜在税务风险点包括：

（1）发票审核不严，导致假票、废票入账，少交所得税；

（2）将薪酬类支出当作费用处理（如出差补贴、节日福利、服装费等），少交个税；

（3）将不能全额在税前扣除的费用计入其他科目，如将旅游费用计入差旅费，少交所得税；

（4）将赠送行为当作费用报销，如购礼品用于客户维护，少交增值税、个税、所得税。

为了降低涉税风险，费用报销需做到四个统一，即会计分录、凭证摘要、审批单据、发票应保持一致。这样做一方面是为了让会计做账规范，另一方面是为了规避税务风险。许多企业的费用报销瑕疵多多，有替票现象，有白条现象，有套现现象，还有替薪现象，这给财务留下了诸多隐患。不管怎样，会计人员应秉持一点：费用报销以发票记录为准，只认发票上的列示。

二、审批签字如何规范

员工报销费用时，都需要哪些人签字呢？中等规模的企业签字流程一般为部门经理、财务部经办人、财务总监、主管副总。如果企业规模较小、内控缺失或没有下发费用预算，一般还需总经理签字。

费用报销时，会计审核都要做什么呢？

（1）发票的合规性，挑出假票、废票。

（2）报销金额与发票金额是否一致。

（3）权签是否完整。

（4）费用是否在预算内，超预算与预算外费用有无特批。

（5）报销单填写的事项与发票是否一致，会计做账时要随发票走。

上述（1）（2）（5）体现的是涉税风险控制，（3）体现的是授权控制，（4）

体现的是预算控制。

各级领导进行费用报销权签时，等于是为企业资金的支出把关。如何杜绝一些领导不作为、乱作为呢？不妨借鉴一下华为的做法。华为高管余某因在费用报销审核中未认真履责，华为决定停止其费用报销权签权力三年，本人承担连带赔偿责任。三年内如需恢复权签，须由个人聘请外部审计师对其停止权签权力之前三年的权签行为进行审计，审计中发现的违规金额及审计费用由其本人承担后，方可恢复费用报销财务权签权力。

三、发票的学问

千万不要相信市面上兜售的保真发票。小广告以绝对保真为噱头，极易骗人上当。上当的内因当然是购票者的私念，或想规避个税，或想套取企业资金。外因则是“发票商”抛出了可验收后付费的诱饵。这时要多个心眼了，查验发票可能是真的，但伎俩在后面，当你付清税点后，开票方会申请将这张发票作废。

企业可能会有一些费用支出不能获取发票，没有发票能否报销？这个问题涉及两个层面。

第一，费用发生了且能提供证据证明的，可以报销，但不得在所得税前扣除。

第二，不能提供费用真实发生证明的，除了不能在所得税前扣除，对于内部员工报销，报销款并入薪酬计个税；对于外部人士报销，视同赠送代扣代缴个税。

总公司的费用发票与分公司的费用发票能串用吗？例如，总部设在北京，分公司设在上海，分公司独立核算，取得的发票能否在总公司报销呢？或者总公司取得的发票能否在分公司报销呢？明确答复，不行。原因是总部与分公司都是独立的纳税单位。所以，分公司取得的发票，抬头一定要写分公司的全称。

四、怎么管好高管的费用报销

企业要想管好高管的职务消费，建议重点监控招待费、会议费、培训费、差旅费、办公用品费等科目，这些科目是所谓的职务消费“重灾区”。企业最好做到公示高管费用报销，全员监督，注意厘清高管假借下属名义报销的费用。高管在分子公司兼职的，还需把审计延伸到分子公司，这里的“故事”很可能比总部还精彩。

在费用审批时，高管报销费用一般只需财务总监和总经理审批。只要不太出格，碍于情面，有些财务总监和总经理会痛快签字。这么一来，高管的职务消费等于没了监控。

怎么改进？企业可在监控方法上多想办法。例如，华为的内审可以监督任正非的费用报销。有一次，任总去日本出差，报销差旅费时，把住酒店时的洗衣费也计算在内了。华为的差旅费报销制度是不允许员工报销此类费用的，当内审发现这笔不当报销后，将之写到了审计意见中。任总为此做了自我批评。这种做法或许偏执，但意义发人深省。

高管费用全员公示也是一种可行的办法。有家企业的做法很独到，财务把每位高管的费用罗列出来，按高低排序，全员公示。想一想，哪位高管愿意自己每月都“荣登”榜首呢，于是能不报销就不报销了。

五、财务应把工作做在前面

每当业务人员拿着一摞发票到财务部，总会被会计人员摘出不合规的报销内容，对此业务人员难免会有意见，长此以往便使业务与会计变得冷漠与对立。

无疑，费用报销工作有时会碰上“情理法”的冲突。千奇百怪的情由，企业利益应维护的是“理”，会计人员应遵从的是“法”。当“情理法”纠结时，费用报销会成为拧巴的工作，很容易让会计与业务变得对立。要打破这种隔阂，除了制度先行，财务还应主动走出去，用培训的方式把自己的要求告诉业务人员。

费用报销可培训的内容很多，发票知识、审批流程、单据填写、票据粘贴、报销时限，都需要会计人员传达。看似简单的点，一个没有做好，都可能引起争议与误会。

费用报销是财务部的窗口工作，做好了，能给财务部的形象加分，能改善财务部与兄弟部门的关系。费用报销又是一项简单重复的工作，很容易被轻视。因此，费用报销工作本身就是个矛盾体。解决这个矛盾不难，一旦解决，对财务部意义重大。

第三节 资金支出的签字流程

有多少企业的费用报销审批需要一长串的签字呢？这么多领导签批真的有必要吗？从内部控制的角度说，一个经济事项有三个人把关就够了，多出来的签批大体属于两种性质：（1）跟风走形式的，只要前面签了，他就签；（2）需要知情了解的，这是内控上的一个误区，把知情权与审批权混同了。简政的思路是什么，应让听得见炮声的人做决策。

员工报销费用时，都需要哪些人签字呢？中等规模的企业签字流程一般为部门经理、财务部经办人、财务总监、主管副总。如果企业没有做费用预算，还需总经理签字。每个领导的签字用处是不一样的，部门经理签字的作用是证明业务属实；财务部签字的作用是审核发票与金额，并核定预算；财务总监签字是为了知晓资金流向；副总或总经理签字是审批同意资金支出。

从相互牵制的原则看，一个经济事项最多三个人把关就够了。这三个人分别是直接主管、部门领导、分管领导。规模较小时，直接主管、部门领导可能是同一个人。

签字流程一般是由财务部设计的，如果财务对业务的理解不透彻，不能准确把握关键控制节点，就可能眉毛胡子一把抓，用扩大签字免责方式推卸责任。

资金支出审批签字是重要的内控手段，但很多企业打着加强内控的幌子，肆意把签字流程变得越来越长。这种现象等于默认追求内控安全可以损伤部门运作效率。可能在很多人眼里，安全比效率更重要，于是冗长的签字流程被不断固化。这种做法实际是滥用谨慎性原则。也不排除财务人员存在自私心理，出于免责考虑，有意将审批流程复杂化，这样当出现错弊时，会减轻自身责任。

2015 年年底，因为“一次付款的艰难旅程”，华为公司任正非先生曾签发电邮痛责财务部，“据我所知，这不是一个偶然事件，不知从何时起，财务忘了自己的本职是为业务服务、为作战服务，什么时候变成了颐指气使，皮之不存，毛将焉附。”这说明即便是优秀的企业，签字流程冗长而且死板的现象同样存在。

除了签字流程长以外，有的企业还追求最后签字人的级别要高，动不动就要求签字流程走到总经理处。究竟哪些资金支出需要总经理签字呢？建议如下：

第一，企业处于初创期，规模较小时，总经理“一支笔”不失为好办法；

第二，内控缺失或内控不健全时，总经理做最后的把关；

第三，没有实行预算管理的企业，总经理自行安排资金；

第四，超预算的资金支出或预算外资金支出，总经理拥有决定权；

第五，大额资金支出，总经理应亲自掌控；

第六，高管的费用报销。

资金支出签字亟须简政，简政的思路是什么，用任正非的话说，让听得见炮声的人做决策。企业要把决策权交给一线办事人员，平台管理要做的是加强监督。

第四节　办公用品发票不能成为费用垃圾筐

办公用品发票不是万能的挡箭牌，一张发票终究不能瞒天过海。注意了，较真起来，税务对那些明显的费用包装手段是不予认可的。发票只是形式，税务稽查还要看费用的实质。如果企业不能就发生的办公用品费提供采购明细，税务可能会对其进行纳税调整。

办公用品费是指企业购置纸笔等文具发生的费用，属性很明确。人们到超市买东西，一堆东西中只要有几样文具，有些超市就可以全额开具办公用品的发票。别苛责超市，发票的纸面空间有限，打不全所有的货品；另外，它们每月申领的发票数量有限，做不到开出明细发票。

如果企业账务不太规范，翻看会计凭证基本能发现一个现象，企业的费用中办公用品费畸高。打印纸、签字笔、硒鼓等的采购金额会超出你的想象。因为方便取得，办公用品俨然成了企业费用的垃圾筐，怎么随意怎么装。

企业有难处，税务有要求，于是向办公用品要形式。

现实中，企业确实有许多费用不易或不便获取发票，于是问题来了。一方面，没有发票，借支不好平账；另一方面，无发票入账，对应金额在申报所得税时需调增应纳税所得额。企业当然不愿就此交 25% 的税，于是各种替票粉墨登场，办公用品发票首当其冲。不少企业把不好入账的礼品、服装、烟酒茶等支出开成办公用品；更有甚者将办公用品发票做掩护，变相发奖金、福利，甚至套现给客户提成。

许多商场对企业的这点心思十分清楚，想办法主动配合。如市面风行的购物卡，企业可集中办理，只要存款了，不管是否购物、购何物，商场都可以开“办公用品”发票。这些办公用品发票最后都会流到企业财务做报销。

财务人员明白上面这些做法是自欺欺人，目的是为了在形式上应付税务。税务也知道有些企业会钻这个空子，所以设置了防火墙，要求一定金额以上的办公用品费提供小票。例如，北京税务部门就要求企业对 800 元以上的办公用品费提供购物小票予以佐证。

如果企业不能就发生的办公用品费提供采购明细，税务可能会对其进行纳税调整。如果企业办公用品费金额明显不合理，税务甚至会按人头重新匡算企业的办公用品支出。除了办公用品费，站在监管的立场，还应重点关注企业的以下费用：办公用品费、会议费、培训费、咨询费、差旅费、招待费。有些企业的此类费用科目面目模糊，隐藏的“故事”多。

第五节　能计入业务招待费的费用

业务招待费核算范围包括：（1）宴请或工作餐的开支；（2）赠送纪念品的开支；（3）旅游景点参观费、交通费及其他费用的开支；（4）发生的业务关系人员的差旅费开支。并非所有的餐费发票都需要计入业务招待费。如出差时，本人的日常餐费可计入差旅费；企业组织会议时，参会人员的餐费可计入会议费。

提起业务招待费，很多人感觉这不就是吃吃喝喝的费用吗？现在确实有一些人认为搞招待能够提高生产力，给企业带来业务，所以把招待看得很重，导致有些企业的业务招待费长期居高不下。业务招待费带有享受的性质，除了因公因素，可能也有个人消费的成分。企业控制业务招待费，往往着眼于抑制个人消费。对企业来说，控制业务招待费不下狠功夫是很难做到的。

一、餐费是否都要计入业务招待费

所谓业务招待费，是指企业为生产、经营业务的合理需要而支付的应酬费用。它是企业生产经营中所发生的实实在在、必需的费用支出，是企业进行正常经营活动必需的一项成本费用。

先帮大家厘清两个概念：业务招待费和餐饮费。很多会计人员把这两个概念混同，认为业务招待费就是餐饮费，餐饮费就是业务招待费。其实，这两个概念并不等同。一方面，业务招待费核算的范围大于餐饮费；另一方面，餐饮费也并非都在业务招待费里核算。

1. 业务招待费的核算范围大于餐饮费

业务招待费的核算内容包括以下四方面：

第一，宴请或工作餐的开支；

第二，赠送纪念品的开支，通常礼品的赠送要在业务招待费里核算；

第三，组织员工和外部人员到旅游景点参观，其门票费、交通费，还有各类的杂费也要在招待费里核算；

第四，外部业务关系人员来企业出差、调研、做项目，他们发生的差旅费如果在企业报销，需在业务招待费里核算。

注意，外单位的人来企业出差，相关费用不能做差旅费处理。只有本企业的员工出差发生的费用才能在差旅费里核算。

2. 并非所有的餐饮费都要计入业务招待费

并非所有的餐饮费都要计入业务招待费，因为业务招待费不能全额在所得税前扣除。会计做账一般不愿意做大业务招待费，总是想办法把业务招待费少记一点。例如，前面提到的外单位人员来企业出差，记作差旅费就对企业有利，记作业务招待费就对企业不利。

哪些餐饮费可以不在业务招待费里面核算呢？举例如下：

（1）员工出差期间，吃饭发生的餐费不在业务招待费里核算，可计入差旅费；

（2）企业组织会议，如召开年度经营会、股东会、董事会，参会人员会议期间的餐费计入会议费；

（3）员工外出参加培训，培训期间发生的餐费计入培训费；

（4）员工加班发生的餐费计入职工福利费。

除了上述这些费用，还有哪些餐费可以不计入业务招待费呢？大家可以继续总结，总结得越多就越能给企业节省税费。

对于差旅费，大家要注意一点：员工出差时发生的餐费，应根据情况区别处理，员工本人发生的餐费，记作差旅费；员工出差期间发生的商务宴请，则须计入业务招待费。

企业应将业务招待费与差旅费、会议费、董事会费等严格区分，不得将业务招待费计入这些费用中。企业发生差旅费、会议费、董事会费等有餐费支出的，应提供证明资料。不按规定将属于业务招待费性质的支出隐藏在其他科目的，不允许所得税前扣除。

二、业务招待费的开支范围

业务招待费的开支范围除了餐费，还包括以下项目。

1. 赠送纪念品的开支

有的企业会定制或外购一些纪念品、礼品送人，这些费用做账时要计入业务招待费。

2. 旅游景点参观费、交通费及其他费用的开支

企业组织员工或宴请客户到一些旅游景点参观，发生的交通费、门票费、住宿费都要计入业务招待费。

3. 发生的业务关系人员的差旅费开支

这一项可以简单地理解为外单位人员在本单位发生的差旅费，须在业务招待费中核算。例如，企业请会计师事务所做审计，如果事务所的注册会计师前往企业发生的差旅费由企业报销，那么费用不能计入差旅费，而要在业务招待费中核算。

三、所得税前的扣除标准

因为业务招待费在所得税前扣除时要狠打折扣，所以餐费发票历来是不受欢迎的。新《中华人民共和国企业所得税法实施条例》第四十三条明确规定，企业发生的与生产经营活动有关的业务招待费支出，按发生额的 60% 扣除，最高不得超过当年销售（营业）收入的 5‰。

可见，业务招待费在所得税前的扣除标准要看两个数据的比较。

（1）业务招待费总额的 60%。例如，企业全年发生的业务招待费为 100 万元，能在所得税前扣除的金额最多就是 60 万元。

（2）企业营业收入的 5‰。例如，企业全年的营业收入为 1 亿元，能在所得税前扣除的业务招待费最多只能为 50 万元。

业务招待费按照发生总额的 60% 与营业收入的 5‰这两个标准孰低的原则进行扣除，上述企业当年度只能扣除 50 万元。

这一规定符合我国的传统美德，崇尚节俭。试想发生业务就一定要吃吃喝喝吗？税法的这一规定无疑打压了奢靡之风。

四、如何控制业务招待费

控制业务招待费，一方面是为了避免浪费，另一方面也为了避免以权谋私。控制业务招待费并不容易，下面为大家推荐两个办法。

1. 定额制

制定标准、制定限额约束铺张浪费。例如，宴请客户时要说清楚宴请谁、谁陪同；陪同的人不能太多，不能请一人吃饭，找十人蹭饭。另外，要根据所宴请的人的层级确定接待标准。这样做业务招待费就等于被框住了。

2. 事前审批制

业务招待行为贯彻“先请示，后招待”的原则，一定要事先得到领导的批准才能发生。

有的企业甚至要求发生接待时拍照为证，参加接待的每个人都要备注，并把照片提供给财务部。这种做法或许稍显极端，但目的明确，业务招待费要做到能不发生就不发生。如果能把定额制与事先审批制结合起来使用，效果会更好，可以遏制餐桌上的浪费与腐败。

第六节　礼品费中隐藏的税务风险

礼品发票隐藏着巨大的税务风险。首先，赠送礼品给个人，需代扣代缴20%的个税，谁能想到这个呢！其次，当礼品费在所得税前扣除时，类似餐饮费，不能全扣，所得税又少缴了吧！再次，企业购进礼品送人，视同销售，还有增值税呢！那么，企业如何规避礼品带来的税务风险呢？稳妥的做法是不允许报销礼品费。

在商业交往中，有时候企业会购置、定制或者以自有产品做礼品，赠送给客户、员工，或用于市场推广。这些行为都是经常发生的。

费用报销时要尽量杜绝礼品费发票。一方面，礼品费容易给人商业贿赂的嫌疑。例如，企业账面有较多的礼品费，若备注语焉不详，很容易给人以商业贿赂的嫌疑。另一方面，礼品费存在较大的税务风险。它会影响增值税、个税和企业所得税。因此，我们应该慎重对待礼品费。

一、礼品费对增值税的影响

礼品的来源不同，对增值税的影响也不同。

（1）如果是企业购进的礼品，取得增值税专用发票时，进项税不得认证抵扣，而应计入礼品的成本。购进时因用途不明确，增值税专用发票已认证的，礼品送出后，须将对应的进项税转出。

（2）如果企业拿自己的产品做礼品，需视同销售。礼品送出时要核算增值税销项税额。

企业在购置礼品时，要避免开具“礼品”名目的发票。企业可以根据所购商品的品类，据实开具发票。这么做一方面可应对礼品改变用途，另一方面可严格管理礼品支出。当所购礼品用于生产经营时，礼品对应的增值税进项就可用于抵扣。

二、礼品费对个税的影响

礼品的本质是一种赠送行为。当礼品金额较大时，赠送行为发生后，企业需代扣代缴个税，个税税率为20%。

现实中，企业送出礼品时，一般不会向受赠人收取个税。税金实际要由企业承担，这就要求会计倒算个税。

送出去的礼品的价值是税后金额，需倒推出税前金额，以税前金额作为礼品费入账，税前金额和礼品价值的差额即为个税。企业要履行代扣代缴的义务。

【例3–1】某企业送给客户一部手机，价值8 000元（含税）。会计做账分录如下：

企业须入账的礼品费实际=8 000÷（1–20%）=10 000（元）。

借：管理费用——礼品费　　10 000

　贷：存货——低值易耗品（礼品）　　8 000

　　其他应付款——代扣个税　　2 000

借：其他应付款——代扣个税　　2 000

　贷：银行存款　　2 000

如果礼品送给内部员工，礼品的价值须并入员工薪酬一并征收个税。

三、礼品费对企业所得税的影响

礼品费用途不同，会计账务处理也不同。礼品送给客户或者业务关系人，应记入“业务招待费”；礼品用于企业推广活动、促销活动的，记入“销售费用——广告费”；礼品送给本企业员工的，可作为员工福利费入账。

如果礼品费是作为业务招待费入账的，那么不得全额在所得税前扣除，应按发生额的60%扣除，最高不得超过当年销售（营业）收入的5‰（千分之五）。

第七节　私车公用税前扣除的相关规定

私车公用是大多数企业都存在的客观事实。私车公用的费用报销因为易与企业发放车补混同，私车公用的费用报销后能否在所得税前扣除，一直存在较大的争议。从各地税务部门的解释看，对此问题的操作原则是：不完全认可，不完全否定。

一、税务对私车公用的规定

有些地区规定，纳税人因工作需要租用个人汽车的，按租赁合同或协议支付的租金，在取得真实、合法、有效凭证的基础上，允许税前扣除；在租赁期内使用汽车所发生的汽油费、过路过桥费和停车费，在取得真实、合法、有效凭证的基础上，允许税前扣除。其他应由个人负担的车辆保险费、维修费等，不得在企业所得税税前扣除。

二、私车公用费用的性质

私车公用是企业与个人的承租与出租关系。从本质上讲，企业支付给员工的私车公用费用，一方面具备费用报销的性质，另一方面又具备劳务报酬的性质。费用报销的部分是可以凭发票在所得税前扣除的，超过费用的部分应视作劳务报酬。

多数企业对私车公用费用处理主要是凭票报销，把与车辆相关的费用全部作为报销依据。必须明确，这种做法存在较大的税务风险，一是企业很难证实私车公用发生的费用就一定是为企业发生的费用；二是存在变相发放补贴的嫌疑。基于这两点，税务对私车公用的费用往往抠得很严。

三、私车公用费用报销规范

如何才能让私车公用的费用做到税前扣除且理由合理充分呢？一是企业与员工签订租赁合同；二是在租赁合同中约定使用个人汽车所发生的费用由企业承担；三是承担的费用能取得发票；四是费用支出属于使用汽车发生的，对应该由员工个人负担的费用不能在企业所得税前列支。具体可按以下步骤操作。

（1）企业要明确哪些岗位、哪些员工的私车可以公用，要有书面备案登记。这是为了避免把私车公用的费用报销与发放全员性的交通补贴混同。

（2）与适用私车公用的员工签订用车协议。协议中要约定清楚费用报销与劳务报酬的支付标准与形式。费用部分可凭发票据实报销，其中，油费依据运行公里数及油耗报销，根据出车记录报销过桥过路费、停车费等。劳务报酬可根据每公里标准确定，计入员工薪酬，一并计征个税。

（3）私车公用的出车记录应专门登记，登记簿记录清楚每次出车的时间、往返地点、公里数、车牌号以及所办事由，并需员工（车主）签字确认。

需要特别注意的是，私车公用时有些费用因为不具有唯一性、专属性，税务一般不会同意其在所得税前扣除，如保险费、养路费、保养费、维修费、折旧费等。

第八节　租用写字楼水电费的入账要求

因经营范围的限制，部分物业公司开不出水电费发票，电力公司与自来水公司一般不会给租户分列开具发票。这等于说租户难以从电力公司与自来水公司取得合规的水电费发票。如何解决这个难题呢，本节提出了三个思路可供参考。

企业在写字楼租办公场地已成常态。对企业而言，租用写字楼除了涉及房租、物业费外，还有水电气暖等费用（下文以“水电费”为例分析）。房租、物业费一般可由物业公司或业主直接开具发票。问题在于水电费如何获得发票入账。

因经营范围的限制，部分物业公司开不出水电费发票，电力公司与自来水公司一般不会给租户分列开具发票。如果一栋写字楼只有一本房产证，水电费发票只会开给物业公司（业主）一家，且一张发票多是一栋楼的水电费总额。这等于说租户难以从电力公司与自来水公司取得合规的水电费发票。

对租户而言不能取得水电费发票，就意味着支付的水电费不能在企业所得税前扣除，要蒙受税费损失。如何解决这个难题呢，以下三个思路可供参考。

一、请求税务代开发票

某地税局信息公开栏在回复"代收水电费是否开发票"时明确表示，"物业公司代收水电费应该开具发票，并仅就其收取的手续费缴纳税款，如无手续费，则无须缴纳税款。"

2008年，某省地税局和国税局发布通知，就物业管理企业代收费开具发票问题给予明确，以后该省物业公司代收水电费都须开具服务业通用发票。物业管理企业向业主开具代收费用发票后，水、电、暖、燃气、有线电视、互联网运营等部门不得再向业主开具发票。业主直接向上述部门缴纳费用的，应当取得上述部门开具的发票。

问题的焦点是物业公司能否直接开具水电费发票。如果不能，税务机关能否代开水电费发票。对此各地税务规定不一，是否可行尚有争议。例如，财政部驻某地财政监察专员办事处在《代开普通发票管理亟待加强》一文中指出，"税务机关不得为申请代开人开具安装费、搬运费、劳务费、水电费、办公用品、综费等项目名称模糊、概括的发票。"

二、物业与税务沟通，变通处理

物业公司与主管税务部门沟通，以收据代替发票，并取得税务部门的认可。普通的做法是物业按实际用水、用电金额给租户开收据，同时附上自身水电费发票的复印件佐证租户水电费的真实性。租户凭物业的收据、物业水电费发票复印件、支付物业水电费的转账记录做账确认水电费。因为已获得主管税务部门的认可，这样处理后，租户无发票的水电费就可以在所得税前扣除了。

有个前提需要注意，物业公司自身不能将应由租户承担的水电费记作自身的费用。

【例3-2】某物业公司2016年6月共支付水电费10万元，电力公司与自来水公司给物业公司开具了增值税普通发票。水电费中租户A承担2万元，租户B承担3万元，租户C承担3万元，物业公司自身承担2万元。物业公司会计账务处理分录为：

借：管理费用——水电费　　20 000

　　其他应收款——代垫水电费（租户A）　　20 000

——代垫水电费（租户 B） 30 000
——代垫水电费（租户 C） 30 000
贷：银行存款 100 000

三、将水电费作为物业费的一部分处理

如果上述处理方法不能得到主管税务部门的认可。租户不妨考虑在签订租房合同时约定水电费由物业公司承担，将发生的水电费金额增加到物业费中。这样一来，物业公司可以将全部的水电费作为自身费用入账，同时多确认一部分收入。

【例 3–3】沿用例【3-2】，假定增值税由租户承担（税率为 6%），物业公司可做会计分录为：

借：管理费用——水电费 100 000
贷：银行存款 100 000
借：应收账款——租户 A 21 200
——租户 B 31 800
——租户 C 31 800
贷：主营业务收入——租户 A 20 000
——租户 B 30 000
——租户 C 30 000
应交税费——应交增值税 4 800

第九节　企业租用民宅的做账要求

企业租个人的房子用于经营，会计处理上有两点需要注意。

（1）个人不能开发票，应说服房东去税务局代开。房东往往会要求房租半年付或年付，发票一次性开足。因此，房租需按月分摊计入费用。

（2）代开发票涉及增值税。名义上税点由房东承担，实际上多是由企业支付。企业代付的税点只能计入营业外支出，且不得在所得税前扣除。

企业租用个人的房子，现在不是什么新奇的事情。租住的房子有的用作员工宿舍，有的作为高管或外派人员的安置住所，都是正当用途，房租自然也应计入企业用于生产经营的费用。问题是，在对房租费用进行账务处理时也有麻烦，麻烦在于房租发票。

一、发票如何解决

房东个人不能开发票。企业交付房租后，要想取得正规发票，在所得税前扣除房租费用，需要说服房东去税务代开。这时，房东多会表现出不情愿。想想也是，谁愿意耽误时间跑税务呢？一般房东会以此为由，要求房租半年付或年付，发票一次性开足。因此，房租费用多带有预付款的性质，取得发票后须按月分摊计入费用。

【例 3–4】某企业租用民宅办公，月租金 4 000 元。该企业不要发票，以租房合同与房租收据作为佐证，会计在做账时租金作为费用正常入账。在所得税申报时，这笔房租费用不能在所得税前扣除。会计分录为：

借：管理费用——房租　　4 000

　贷：银行存款　　4 000

二、税点的处理

营改增后代开房租发票涉及增值税，税务代开房租发票时须按照小规模纳税人的征收率征税。名义上税点应由房东承担，实际操作中往往由企业负担。

【例 3–5】沿用【例 3-4】，假设房东不承担税点（增值税 3%），要求月净租金 4 000 元，税点该如何处理呢？以下两种方式可供选择。

第一，签合同时把房租做高，税点让房东承担，但保证房东净租金为 4 000 元。本例中含税房租可签为 4 120 元，其中 120 元为应交增值税，房东纳税后每月能得到房租 4 000 元。会计分录为：

借：管理费用——房租　　4 120

　贷：银行存款　　4 120

第二，企业代为支付税点，含税房租为 4 000 元，企业代交 116.50 元增值税。增值税的计算依据是 4 000 ÷（1+3%）× 3%=116.50（元）。需要特别注意的是，企业代房东支付的增值税不属于企业正当的生产经营费用，须记入“营业外支出”科目，且所得税前不能扣除。会计分录为：

借：管理费用——房租　　4 000.00
　　营业外支出——代付房租税金　　116.50
　贷：银行存款　　4 116.50

三、哪种选择更有利

从【例 3-4】直接付现金来看，不要发票付现最少，只需 4 000 元；从【例 3-5】来看，由房东承担税点时付现最多，需 4 120 元。

从节税角度看，不要发票时 4 000 元的房租均不能在所得税前扣除。当房东承担税点时，4 120 元房租均可在所得税前扣除。企业承担税点时，4 116.50 元费用中只有 4 000 元可以在所得税前扣除。

综合付现成本与税负成本，不难看出，做大租房合同金额，由房东承担税点对企业更有利。

第十节　跨年的费用发票能否在所得税前扣除

跨年的费用发票能否在所得税前扣除，牵涉两个层面的问题：第一个层面是会计处理，第二个层面是涉税处理。根据国税总局的公告精神，可以提炼出简单易懂的规则：费用真实发生，跨年也可入账，申报可以抵扣，时限不能太长。

跨年的费用发票能否在所得税前扣除，估计许多会计人员都有此疑问。在实际工作中，我就分别听到过不同地方税务给出的以下三种回复：（1）绝对不行；（2）可以在每年 3 月、1 月底或汇算清缴前报销上年发票；（3）可以在每年 1 月底前报销上年度 12 月份的发票。

到底哪个回复更靠谱，会计人员恐怕要与自己的主管税务机关沟通后才能确定。不过，上述三个回复也有一个共同点，均认为时间久远的跨年发票不能在所得税前扣除。

会计人员有此疑问，也说明在自身的潜意识里认为费用是不能跨年的，这是配比原则与权责发生制原则的基本要求。但实际情况不容否定，费用发票跨年度报销是客观存在的。例如，员工12月份出差，次年1月才返回，自然有部分费用发票会跨年。再如，对方在上年度已经开具了发票，由于款项未全额支付等原因而拖延至次年才给付发票。

费用发票跨年牵涉到两个层面的问题：一是会计处理，二是涉税处理。

一、会计处理

一般情况下，会计处理体现权责发生制原则，注重实质重于形式。例如，2015年取得的发票列支2016年的费用原则上是不允许的。但有变通处理方式，如果费用金额较小，可以直接计入2016年的费用；如果金额较大，就要通过"以前年度损益调整"进行核算。

可见在会计处理上，看重实质，只要费用真实发生了，就可以入账报销。

二、涉税处理

问题的关键在于，跨年的费用发票入账后（无论是记作本年费用，还是记作以前年度损益调整），税务是否认可其能在所得税前扣除。国家税务总局2011年第34号公告和2012年第15号公告对此作了解答，解决了纳税人跨年度取得发票的税前扣除问题。公告的主要精神是：

（1）所得税预缴时可暂按账面发生金额核算，汇算清缴时按税法规定处理，避免了退税的烦琐手续；

（2）逾期取得的票据等有效凭证，在做出专项申报及说明后，可追溯在成本、费用发生年度税前扣除，即企业应先行调增成本、费用发生所属年度的应纳税所得额，在实际收到发票等合法凭据的月份或年度，再调减原扣除项目所属年度的应纳税所得额；

（3）在费用支出等扣除项目发生的所属年度造成的多缴税款，可在收到发票的年度企业所得税应纳税款中申请抵缴，抵缴不足的在以后年度递延抵缴；

（4）申请抵缴或是要求税务机关退还税款，时限不得超过三年。

综上，可以提炼出简单易懂的规则：费用真实发生，跨年也可入账，申报可以抵扣，时限不能太长。

三、财务部如何应对

为了减少不必要的麻烦，企业还是应尽量避免发票跨年入账。对财务部而言，应做到以下几点：

（1）向全体员工宣贯发生费用后即时报销；

（2）要求企业供应商、服务商及时开票；

（3）费用真实发生了，即便发票尚未取得，也要先做账；

（4）汇算清缴时，真实费用尚未取得发票的，应做纳税调整；

（5）以后年度获得发票的，及时向税务说明，申请抵缴或退税。

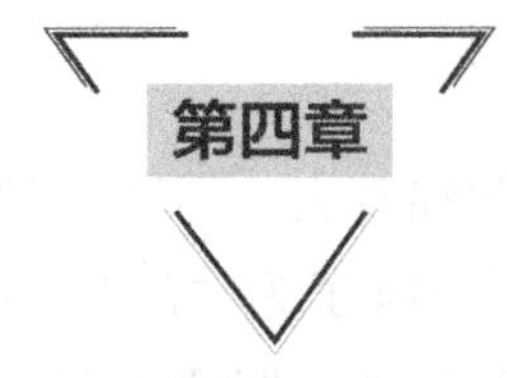

第四章

会计报表粉饰

第一节 会计报表里的故事

有个比喻说利润表是企业的面子，资产负债表是企业的底子。底子因为难以看清楚，所以大多数人更关注面子。底子下的浮肿有的好识别，比如其他应收款里的费用、应收账款中的逾期；有的病灶不扎肉里去，摸不清深浅，比如无形资产、在建工程中的猫腻。流动资产里脓包好挤，一旦藏到长期资产里，谁又能奈何？

会计报表各项目顺序是有讲究的。资产负债表左右按重要性排列，以左为尊，例如，我们炫耀企业规模时会讲总资产多大；上下按照流动性高低排列，货币资金永远排最上方。利润表与现金流量表上下分布，以重要性排列，重要的排上面，所以利润表先列示的是主营业务收入。现金流量表开头列示的就是经营活动收到的现金。

一、三张会计报表的数据勾稽关系

利润表的未分配利润数＝期末资产负债表未分配利润数—期初资产负债表未分配利润数

现金流量表现金及现金等价物净增加额＝期末资产负债表货币资金数—期初资产负债表货币资金数

检验会计报表平不平，一看资产负债表资产是否等于负债加所有者权益，二看这两个勾稽关系。

二、利润表

以前反映经营成果的报表叫损益表，不知何时改叫利润表了。我一直觉得叫损益表更贴切，亏了为“损”，赚了为“盈”，两种可能都在一个名字之中。利润表这个叫法本身就有“欺骗”性，即便真有盈利，净利润体现在资产负债表中叫未分配利润，没有足够的现金，未分配利润就是镜花水月。

三、现金流量表

现金流量表是打入会计主表中的附表。我们常说三大会计主表，实际上主表只有资产负债表与利润表两张而已。现金流量表是后来凭实力打败财务状况变动表后才跻身主表之列的。现金流量表能左右逢源，在于它切中了主表的要害。现金流量表不同于资产负债表，属于动态报表；也不同于利润表，其按收付实现制编制。

四、会计报表合并

集团公司做会计报表合并时，先要让下属单位填报关联往来，审核同一业务两方的挂账科目，如果金额一致，就可以做抵销了。这种模式要求各子公司预先详细对账，账对齐后再填报集团财务部。对账的工作无疑要由子公司财务人员承担。很多关联交易对清账并不容易，这些不易对清的关联交易很可能被刻意瞒报。

五、会计报表给谁看

曾有一个老板问我，会计报表到底是做给谁看的，是财政要看还是税务要看？会计报表的格式对他的管理毫无用处。这位老板的问题无异于指责财务工作与业务实际脱节，财务工作不能帮助业务管理。其实满足他的需求不难，突破会计报表的定式，另外出具管理报表就行了。而这么一点转变，有些会计人员的思路却难以跟上。

六、有好产品却未形成品牌时，会计报表如何体现

一是各期利润表收入规模不断增加，产品好必然会有口碑效应，选择的人

会越来越多。

二是销售毛利率不断提升，产品刚推出时多不自信，定价偏低，之后会逐步提升定价。

三是随着销售毛利率提升，销售费用会不断增加，企业市场推广、广告宣传力度会逐步加大。

第二节　利润表科目的另类解读

利润表这个名字有点喜庆的味道。以前所得税税率高达33%，可外资企业是15%，现在统一为25%了！奇怪的是，那时所得税在损益表中并非作为费用列示，而是在利润分配中体现。

一、主营业务收入与其他业务收入

我曾带孩子上某科技馆，馆内不让带包，只能寄存，柜子收费好几十元。这让我突然联想到主营业务收入与其他业务收入。对科技馆而言，门票属于前者，租柜属于后者；前者为主业，后者为辅业。二者果真分得清楚吗？电影院门票收入看似为主业，若论创利，爆米花和饮料不比门票差。商家把主业当成噱头，辅业反成主角，这是经营思维的大逆转。

二、税金及附加

“营改增”以后，“营业税金及附加”这个科目名不副实了，没了主营业务的载体，科目名称有必要做变更，现在已改为“税金及附加”。“税金及附加”科目核算所有体现在利润表中的税费，如消费税、附加税、印花税。提醒会计们注意一点，以前我们的习惯是把印花税在“管理费用”科目下核算，现在要改过来了。

三、营业外收入与营业外支出

营业外收入实际是意外收入，营业外支出实际是意外支出。营业外支出多，说明企业管理存在问题，管理不善才多意外。营业外收入多，同样说明企业管理有问题，试想哪有天上总掉馅饼的好事呢？说是意外的收入，其实是过去多计的支出。无论是营业外收入，还是营业外支出，都是企业的反常现象。

四、工薪族挣钱的会计科目

工薪族挣钱的会计科目透视出运程。每月只有主营业务收入的，多是上班族；有其他业务收入的，要么干兼职，要么有门路；如果其他业务收入高过了主营业务收入，别打工了，创业吧！如果营业外收入不菲，那么要先检查一下有没有触碰法律红线；若没有，只能说明运气来了挡不住。投资收益高的朋友，不是股神就是胆大。

五、收入类科目的理解

怎么理解收入类科目呢？不妨看看上班族的钱袋子。朝九晚五，每月挣的那点可怜的工资就是“主营业务收入”；偶尔写篇文章挣点稿费，可视为“其他业务收入”；不甘心贫穷的命运，花 2 元钱买张彩票，居然中了 500 万元，视为“营业外收入”；拿工资炒股，赶上一波好行情，及时抛出挣的钱就是“投资收益”。

六、财务费用

财务费用核算的主要内容包括：

（1）融资的利息支出；

（2）银行手续费、账户管理费；

（3）促销的现金折扣；

（4）银行存款利息。

为什么把利息收入归到财务费用中核算呢？很多人都认为这明显不合理啊！从会计原理上讲，这样做好似背离了收入与费用的本质；从会计信息的使用上讲，财务费用数据失真了。因此，我建议利息收入改在其他收入科目核算。

七、期间费用

期间费用不应只有三项。销售费用核算面向市场费用支出，管理费用核算面向内部运转费用支出，财务费用核算面向融资费用支出。研发费用与这三项期间费用都靠不上，建议单列出来作为一项期间费用列示。一则还管理费用以本来面目，二则突出研发费用的地位。管理费用高让人心痛，研发费用高让人心动！

第三节　资产负债表科目的另类解读

资产负债表反映的是企业资产、负债、所有者权益的总体规模和结构。它的功用除了企业内部除错、防止弊端外，也可让报表阅读者在短时间内了解企业经营状况。

一、货币资金

并非所有的银行存款都可以在资产负债表的“货币资金”中列示。如果银行存款不能完全被企业掌控，它在资产负债表中就要异地而居。例如，银行存款被法院冻结了，或被其他企业、个人、银行监管、监控，或被抵押给其他企业、个人。这些情形下银行存款的流动性会大打折扣，只能在“其他资产”中列示。

二、存货与应收账款

存货与应收账款本是前世与今生，应收账款是存货的转世。存货正常出清，如同“十月怀胎一朝分娩”。也有迫不及待的，搞促销就像打催产针，逼着让存货托生；催产太急，转世后会导致先天不足。存货与应收账款虽是两世为人，但前世的印记仍挥之不去。上辈子的存货若质量有瑕，下辈子的应收账款就会百病缠身。

三、金融资产

会计把金融资产分为交易性金融资产、持有至到期投资 、可供出售金融资产。这个分类简直让人头晕。就像有些人的爱情与婚姻，当年 A 与 B 分手，娶了 C，会计把 B 记作“交易性金融资产”，把 C 记作“持有至到期投资”；然而，十年后全变了，A 与 C 离婚，与 B 复合，这种情况下 C 就成了“可共出售金融资产”，再次复合的 B 才是“持有至到期投资”。

四、长期股权投资

“长期股权投资”以前的核算规定是占股 20% 以下用成本法，20% 以上用权益法；现行的规定是占股 20% 以下仍用成本法，50% 以上由权益法改为成本法，20%~50% 保持权益法。

五、其他应收款

“其他应收款”是潜亏的隐蔽所，又称为“资产垃圾筐”。它名为流动资产，实则藏污纳垢，装填了许多虚胖的“伪资产”，包括：

（1）没有拿到发票的费用或者挂账的员工薪酬；

（2）收不回来的员工借款；

（3）收不回来的押金；

（4）股东为了不交税拿走的分红；

（5）资金拆借形成的坏账。

当心了，其他应收款畸高的企业，往往隐藏着巨额的潜亏。

六、固定资产

很多企业还在沿用会计制度的规定，价值 2 000 元以上，使用年限超过一年的资产计入固定资产。多么硬性的规定啊！几十年前的 2 000 元和今天的 2 000 元购买力相差何止 10 倍。另外，有哪些资产只能使用一年以下呢？依据金额与使用年限定义固定资产是不严谨的。从字面意思看，固定资产着眼“固定”二字，本意是指不动产。

七、无形资产

无形资产是个尴尬的科目。它核算的内容除“土地使用权”外，大都是看不见、摸不着的虚无之物。剔除了土地使用权，它就是土地，等同固定资产，而剩下的无形资产似乎更像待摊销的费用。可笑的是，企业真正的无形资产，如文化、团队、口碑等却无法核算其中。观察下，账面无形资产大的企业往往真实无形资产少。

八、预收账款

通过预收账款贷方的发生数，可判断出企业产品的竞争力，也可判断出企业对研发创新的态度。通常只有新产品、稀缺产品才能做到先收钱后发货。竞争者同样会看到这种商机，要想持续保持领跑优势，企业需要不断地研发创新，苹果公司就是例证。深究一下你会发现，预收账款多的企业往往研发支出也多。这也算天道酬勤吧！

九、资本公积与盈余公积

我们先说一说资本公积与盈余公积这两个名字的由来。“公积”本意是公共积累，资本公积意指“公积”来自于资本，盈余公积意指“公积”来自于盈余（利）。字面意思清楚了，就好理解其中的含义了。资本公积来自部分股东的投资，却由全体股东按股比分享。盈余公积来自利润，目的是不让股东把利润分光了，给企业备点余粮。

十、计提盈余公积

为什么要从未分配利润中计提盈余公积呢？目的说出来挺可笑的：限制企业向股东无节制地分红，从而保存企业实力，间接保护债权人的利益。

盈余公积分为法定盈余公积、任意盈余公积，法定盈余公积带有强制性，按每年净利润的 10% 提取，上限为注册资本的 50%。盈余公积不是资金的占用形态，其本质是未分配利润。

第四节 “潜亏”在资产负债表中的藏身之所

潜亏是亏损的伪装，它不在利润表中体现，而是躲在资产负债表里招摇。因为负债潜亏容易暴露，所以潜亏多依附于资产科目。盘点下来，应收账款、其他应收款、存货、长期股权投资、在建工程、固定资产、无形资产等都可能潜伏着亏损。下面就让我们抖一抖潜亏的真实面目吧！

潜亏是指企业将已发生的成本费用、资产损失不纳入或少纳入损益核算，继续以资产形式呈现，或提前确认收入，虚增利润的一种经济现象。它是会计信息失真的主要表现形式。潜亏的存在或使企业账面盈利大幅增加，或使账面亏损额大为减少，或使企业会计报表由亏变盈。

落到资产负债表上，潜亏一般表现为两种形式：其一，高估资产；其二，低估负债。负债潜亏大多表现为账外负债和预计负债。因低估负债易导致因债权人追讨而露馅，企业较少操纵负债炮制潜亏；高估资产则“安全”系数较高，成为了企业操纵盈余的主要手段。因此，潜亏主要体现在资产负债表的资产类科目之中，如应收账款、其他应收款、存货、长期股权投资、在建工程、固定资产、无形资产等是企业潜亏最常见的藏身之所。

一、应收账款

【例 4–1】某企业将未完工的五个工程项目全额记作收入，确认应收账款 8 000 万元。之后因客观原因，一项合同因政策变化无法履行，另一项合同因施工质量问题被客户拒收，造成账面近 3 000 万元的应收账款无法收回。

如果不是现款现销，企业确认销售收入时一般要经“应收账款”周转。多确认销售收入、提早确认销售收入不仅能虚增收入，还可虚增利润，是应付绩效考核常见的思路。因此，不按完工进度结转收入、产品未交付即确认收入、虚构销售合同、产品服务交付有瑕疵不冲账是企业利用应收账款藏匿潜亏的典型手段。

另外，利用坏账准备藏匿潜亏也是较为常见的现象。现行会计制度确认坏账的依据有三项：

第一，债权人破产，依照《中华人民共和国民事诉讼法》清偿后，确认无法追回；

第二，债务人死亡，既无遗产可供清偿，又无义务承担人，确实无法收回；

第三，债务人逾期未履行纳税义务超过三年，确实不能收回。

这三项确认坏账的条件过于严苛，大多数企业顺水推舟，制定了更宽松的坏账准备计提政策。以企业普遍采用的账龄法为例，五年以上的应收账款才要求 100% 计提坏账准备；而在现实的商业环境中，应收账款账龄超过两年，就可基本确认为坏账。从这一现实看，一方面上述虚增的应收账款利用了温和的坏账计提政策制造潜亏；另一方面，正常确认的应收账款也因坏账计提不充分虚增了当期利润。

无疑，虚增应收账款，不充分计提坏账准备是潜亏隐蔽于应收账款中的两把保护伞。要打掉这两把保护伞，必须制定更加严格的收入确认政策。例如，某企业确认收入要求同时符合以下四项条件：

（1）已签订销售合同；

（2）产品已交付并安装调试完毕，取得客户终验证明；

（3）已向客户开具发票并被客户签收；

（4）收到合同约定的头期款。

上述（2）是要严格制定坏账计提标准。企业对客户资质进行 ABC 分类是实践工作中不错的一种思路，根据客户素质的高低分类计提坏账准备，对低素质的客户从严计提坏账准备。

二、其他应收款

【例 4-2】某企业为了少交个人所得税，用现金给员工发放奖金、福利后不计入成本费用，而是挂账在“其他应收款”科目。另外，该企业市场部的公关费用因无发票报销而长期挂账。这两项合计挂账超过 2 000 万元。

其他应收款主要结算员工借款、备用金，各种赔款、罚款等与主营业务不相关的应收、暂付款项，正常情况下该科目余额不多。鉴于员工正常借款周期均较短，如出现挂账时间超长的其他应收款，基本可确定其为挂账的费用，要么是找不到发票报销，要么是有意挂账少计费用。本质上这类“其他应收款”已不具备资产属性，只是未及时入账的费用，是企业的潜亏。

另外，企业之间的抵押款、保证金、担保款等往来款项，如果不能收回，也可利用温和的坏账计提政策隐藏潜亏。相较而言，其他应收款制造潜亏的手段比应收账款要单一得多，通过加强费用报销管理和严格坏账计提政策即可约束。

三、存货

【例 4–3】某生产企业原材料库存积压，该原材料市面单价已降至 8 元，账面成本 10 元，企业未计提原材料跌价准备。另因经营困难，企业领用原材料投入生产时未做出库处理，导致在产品与产成品的成本不实，虚降产品销售成本。

存货是企业在生产经营过程中为销售或耗用而储备的各种资产，是大多数企业流动资产中的重头戏。存货按流转状态主要分为原材料、在产品、产成品等。存货价值的确定涉及两个因素：数量和价格。虚增存货制造潜亏在这两个因素上都可发力，原因主要有两点：

一是确定存货较为困难，在生产经营过程中存货总是在不断地购入、消耗、销售，数量时时刻刻都在更新；

二是随着市场价格的波动，存货价值不可避免地与账面价值存在差异。

因此，存货的数量和价格是否清晰、准确决定了潜亏在存货中藏身空间的大小。

从库存管理层面看，存货潜亏表现为保管不善型、价格倒挂型、超储积压型、品种疲软型四种形式 。例如，存货长期堆在仓库不领用，可能在自然作用下残损贬值，如果企业疏于存货盘点或故意不盘点，存货贬值或短缺就构成了潜亏；还有一种形式，将期间费用摊入在产品成本，人为加大存货金额，虚增当期利润；另外，对账面价格明显高于市价和销售价格的存货，如不及时计提跌价准备，也会形成潜亏。

企业要想减少掩藏在存货中的潜亏，不妨从以下三个方面着手。

第一，完善在产品、产成品成本核算制度，不乱挤成本，不在在产品、产成品之间人为调剂成本。

第二，建立经济订货和储存管理模式，加强库存管理和存货控制；加强市场调研，以销定进，同时大力压库促销，加快存货周转，避免新的积压和亏损。

第三，严控存货跌价计提，期末按成本与可变现净值孰低计量存货价值，账面成本高于其可变现净值（高于市价）的部分应计提跌价准备。对于库龄超过一年的存货，在长期资产下单设项列示，同时在会计报表中披露与揭示其库龄情况。

四、长期股权投资

【例 4-4】某公司对市场需求调查不充分，盲目投资 1 000 万元建造了一个新厂。由于设备质量不过关，成本较高，刚生产几个月就被迫停产关门。因担心处置该亏损公司会导致母公司长期股权投资潜亏曝光，公司领导决定长期保留该亏损公司并以空壳形态运转。

现行的《企业会计准则》规定企业投资比例在 20% 以下或 50% 以上（或有 50% 以上的实质性表决权）的，采用成本法核算长期股权投资。在收回投资前，无论被投资企业经营情况如何，净资产是否增减，投资企业一般不得对长期股权投资账面价值进行调整。在被投资企业亏损的情况下，因为成本法下长期股权投资的账面价值不需要做相应调整，所以会形成潜亏。

这类隐藏于长期股权投资中的潜亏在集团公司比较常见，涉及的金额一般较大。由于集团公司的报表只需披露母体与合并两个层级，单一子公司亏损造成的母公司长期股权投资潜亏不易暴露。如采用【例 4-4】中让子公司名存实亡的空壳运转模式，投资企业甚至可以把潜亏长期雪藏起来。这时运用实质重于形式的会计原则就十分必要了，对于这类长期股权投资，无疑应计提资产减值。

五、在建工程

【例 4-5】某公司因厂址搬迁有规模较大的基建工程，为利用好基建项目进行“盈余管理”，公司以该项目名义贷款 1 亿元用于日常经营运转。该项目竣工后，为减少当年折旧费用，将竣工验收推迟到第二年 1 月。

企业在建工程发生频次不高，但发生时一般金额较大。潜亏藏匿于在建工程的伪装有三个：

（1）利息费用资本化；

（2）延迟转固；

（3）将日常性期间费用记入“在建工程”。

企业为在建工程或固定资产扩建等借款支付的利息，在其投入使用前可予以资本化，计入在建工程成本。有些企业滥用此规定，将在建工程投入使用后的借款利息和日常生产经营中的借款利息资本化，甚至乱挤成本，将与在建工程无关的期间费用记入“在建工程”，虚增在建工程价值以达到虚增利润的目的；另外，在建工程完工转固时故意拖延办理，一则可使借款利息继续资本化，二则可不计提固定资产折旧。无论是多计资本化利息费用，还是少计提折旧，最终都会形成企业的潜亏。

在建工程中隐藏的潜亏最终会随着在建工程转固进入固定资产，转固后这部分潜亏一般难以察觉。因此转固前需要企业在内控建设中完善建安工程验收制度，在立项审核中细化进度节点，同时加大对在建工程的审计力度，做到按节点验收，按立项方案验收。杜绝在建工程长期挂账现象，及时转固，不合规的利息支出坚决不予资本化。

六、固定资产

【例 4–6】某公司从事金属元器件的加工制造，购进价值 3 000 余万元的机器设备，分十年折旧。五年后，业内普遍改用德国进口的机器设备，生产效率能提高 50%。该公司也陆续引进了这项设备，但旧设备并未完全废止，在赶货时仍偶尔使用。

除上文提到的在建工程转固带入的潜亏，隐藏在固定资产中的潜亏还有三种表现形式：

（1）因折旧政策宽松形成的，过早失去使用价值的固定资产挂账；

（2）因设备更新换代，已被淘汰或性能落后的固定资产不计提减值准备；

（3）将固定资产的经常性维修费用资本化计入固定资产。

用固定资产遮掩潜亏常见于老国企和技术更新换代快的新产业。放宽折旧政策，允许采用加速折旧法，不仅能解决折旧不彻底带来的潜亏问题，还有利于推动企业提高技术装备水平，更好地维护固定资产的简单再生产。同时，企业需要对固定资产的性能定期评估，对性能落后，被新产品淘汰的固定资产应及时计提减值。在费用报销时，企业要杜绝将固定资产的经常性维修费资本化，从而挤掉固定资产中的费用泡沫。

七、无形资产

【例 4–7】某研发公司每年投入近亿元研究 4G 通信标准，为了让这些研发费用有资本化的载体，公司申请了 2 000 多项专利和专有技术。公司因此将每年发生的研发费用全部计入无形资产，累计约 7 亿元。

无形资产科目是大家普遍熟知的垃圾资产筐，原因在于无形资产的价值难以计算，过去经济利益流出所取得专利权、专有技术、商标、商誉等未来能否带来经济利益很难估量。就研发行为而言，研发费用资本化会减少管理费用而增加企业当期盈利，然而计入无形资产的研发费用预期的增值盈利能力却难以预测。许多企业利用这一政策将本应费用化的研发支出资本化，等于直接制造潜亏。此外，无形资产入账后不按照规定摊销，一挂了之，造成了无形资产少摊或不摊，更会导致潜亏长期化。

隐藏在无形资产中的潜亏识别容易，但清理困难，因为此类潜亏一般都具有冠冕堂皇的理由。历史原因形成的无形资产潜亏多为企业转制、重组、新建带入的特许经营权、商标权、商誉、专利等，日常经营中增加的无形资产多为研发费用资本化。企业要遏制无形资产中藏匿潜亏，一是要规范无形资产的核算，不能随意将费用资本化；二是要严格执行无形资产摊销制度，拒绝长期挂账；三是要进行无形资产减值测试，对于逾期不能带来经济利益流入的无形资产要足额计提减值。

八、总结

基于业绩考核、个人升迁、企业筹资等诸多理由，一些企业管理者不在加强经济管理上用功，而是试图钻制度的空子，指使会计人员做假账，制造虚盈实亏的假象，达到种种目的。为达到这些目的而制造的潜亏，表面上看是企业管理者为维持企业形象所采取的非常手段，其实质是个别人包装业绩、谋取私立的违规行为。潜亏因高估利润不仅加重了企业的税务负担，另外因传递虚假的财务信息极易误导经营决策。企业要治理潜亏，一方面需要完善内控制度与会计核算制度；另一个重要的方面是要加强外部监督与审计，建立对制造潜亏的责任人的长期追溯机制。企业只有做好这两方面的工作，才可能杜绝经营者基于私利主动制造潜亏行为的发生。

第五节　对会计报表粉饰的另类思考

会计报表粉饰与做假账性质并非完全相同，会计报表粉饰有时也可看作是企业的理性行为。至少有一点是值得肯定的，和其他企业行为一样，会计报表粉饰也是企业的一次竞争策略。

一、由一个案例所引发的思考

【例 4-8】ABC 公司以前年度的利润在 200 万 ~ 500 万元，2015 年 8—10 月因种种不便披露的原因导致近 500 万元的损失，以致 2015 年 1—11 月利润表上反映的亏损是 400 万元。如果按照正常的经营情况，12 月 ABC 公司可实现利润 200 万元，由此公司 2015 年将亏损 200 万元。这是公司董事会不愿意看到的情况，它可能引起人们对该公司的猜疑，于是责成总经理想办法扭亏为盈。

ABC 公司总经理一时颇感无计可施，而公司财务部经理献出了若干计策：

第一，2015 年 12 月的广告推迟进行，节省广告费 210 万元；

第二，2015 年 12 月办公楼的折旧减半计提，折旧费少计提 210 万元并停止当月的费用摊销；

第三，联系公司的主要客户，与它们签订本应于 2016 年签订的售货合同。

公司总经理稍作思考，接受了第三个建议，并于 2015 年 12 月 10 日召集公司的五个主要客户开会。这五个客户同意ABC公司总经理的要求，提前两个月签订了售货合同。ABC公司也开出了提货单，所购货物暂存于ABC公司，2016年2月再提走。由此ABC公司2015年12月实现销售收入2 500万元，实现利润350万元。最终，ABC公司2015年度实现利润150万元，公司总经理圆满完成了董事会制定的盈利目标。

在这一案例中，ABC公司的扭亏举措究竟属于什么性质，公司2015年度的会计报表是否应界定为虚假，这些都是值得思考的问题。很显然，ABC公司的这一举措并不违规，然而该公司2016年所披露的盈利信息又的确与其正常的盈利状况有出入，我们能否说不违反制度规定的会计报表是虚假的呢？

带着上述问题，我们对这一案例做出进一步分析，可得出ABC公司2015年度利润表的披露有以下四种选择。

（1）接受第一个建议并实现公司盈利10（−400+200+210）万元。这在程序上是对的，但这种方法会导致第二年销售收入减少3 000万元，利润减少350万元。

（2）接受第二个建议并实现公司盈利10（−400+200+210）万元。几乎所有人都能看出这种扭亏方法的不恰当之处，它违反了会计制度的规定。

（3）接受第三个建议并实现公司盈利150万元。我们很难对这种行为做出判断，它在形式上是合法的，但实质却偏离了会计报表的真实面貌。

（4）ABC公司如实披露2015年度亏损200万元。这种会计报表看起来是最真实的，但其“实”掩盖了该公司8—10月的非正常损失。

对比上述几种情况，本文拟提出虚假会计报表与会计报表粉饰两个概念，分别对第二、第三两种情况进行界定。第二种情况所出具的报告可界定为虚假会计报表，这种会计报表有一个明显的特征——违法。第三种情况所出具的会计报表可界定为会计报表粉饰，它合法但与事实有一定出入，与最真实的第四种情况有偏差。

二、虚假会计报表与会计报表粉饰的含义

对于虚假会计报表与会计报表粉饰两个概念的区别，目前会计界、审计界并无一致的认识。在多数情况下，人们将会计报表粉饰与虚假会计报表混为一体。

本文认为虚假会计报表与会计报表粉饰二者是不同的。“虚假”指的是与事实不符，虚假会计报表是指会计报表所陈述的内容与企业的基本情况严重不符；会计报表粉饰则是企业利用会计方面的法规或制度规范的缺陷或模糊性，以时间差、关联交易或一些非常规举措美化会计报表的行为。二者的区别主要表现在以下几个方面。

（1）从内容上看，虚假会计报表所陈述的内容是无中生有的（即虚构的）、不完整的（隐瞒不报）或以假乱真的；而经过粉饰的会计报表其内容并非不真实、不完整，只不过其在表述上有所侧重，但并不违规。

（2）从法律上看，虚假会计报表是不合法的会计报表，而会计报表粉饰则是以合法为前提的。

（3）从道德的角度来看，会计报表粉饰的特点是企业美化会计报表的一种行为，这种行为以合法为前提，且没有超出报表使用者心理界限，符合道德的要求，是报表使用人可接受的一种行为。而虚假会计报表以捏造事实、歪曲事实或隐瞒事实等为手段，导致报表使用者误解企业财务状态，严重影响报表使用者做出正确的经营决策，远远超出了报表使用者的心理界限，是一种不道德的行为。

三、适当进行会计报表粉饰是企业的一种理性选择

现实中企业都不同程度地存在美化会计报表的现象，对这种现象我们不能简单地因为心理上的反感就对它一概否定。

沿用【例 4-8】，若 ABC 公司总经理接受第一个建议削减广告费，2015 年公司的确是盈利了，并且名正言顺。但它带来了一个很不利的事实，2016 年的利润减少了；而采用第三个建议只是转嫁 2016 年的利润到 2015 年。对股东而言，削减广告费绝对不足取；而提前确认收入无损于股东利益（不考虑纳税的时间性价值）。

只要我们仍将企业视为股东的企业，那就应接受一个观点：企业行为只要是有利于股东并且合法，就是无可非议的，会计报表粉饰也不例外。如果追寻合法合理采用类似的削减广告费的建议，实质是对股东极大的不负责任。会计报表粉饰有利于股东，它就不应成为企业负责人和企业会计人员的心理障碍。

本文要表明的一个观点是，提供虚假会计报表实不可为，对会计报表进行粉饰却未必不可取。

人们对美的追求不仅有“清水芙蓉”，也有“巧夺天工”。人们对会计报表的要求也是如此，天然的数据固然可信可靠，但有时却未必可取。例如，企业可能因某种不足为外人道的原因导致亏损，而且这只是一种暂时现象，但这种现象公布出去可能导致股价下跌，债权人逼债，公司破产。这时公司就可以利用一些粉饰的手段让会计报表侥幸过关，并在下一年获得巨大发展。如此，该公司对会计报表进行的这番不出格的“化妆”，既免除了股东的损失，又保全了债权人的权益，这种行为无疑是符合经济原则的。

会计报表是企业形象的数量化。为了达到某种目的，企业负责人完全可以要求有关部门配合财会人员采取一定的行为、运用一定的技巧，对企业会计报表进行粉饰，以将企业更优更美的形象展现在世人面前。精心打扮过的会计报表对企业本身是有利的，它有利于企业改观形象、吸纳资金以及从市场上引进优秀的人才。如果会计报表粉饰能把企业的这些优越性体现出来，那么间接对企业投资者（股东）和员工也是有利的。

四、会计报表粉饰是否合理的判断标准

当然，会计报表粉饰过度可能会对潜在投资者、债权人、其他相关利益者甚至企业自身带来损害，但这只是粉饰行为对“度”的要求。

一方面，企业是股东的企业，一切企业行为都应为股东利益服务。作为一种营利性的组织，企业的运作应重点关注经济性，社会性是附带的目标。经济性注重的是最大限度地满足股东的利益，社会性注重的是企业如何满足其他利益相关者的权益。经济性和社会性有一致的一面，但有时也是相悖的。无论如何，企业的经济性和社会性的主次是分明的，企业追寻的只是不违背经济性的社会性。如果会计报表粉饰适合经济性目标且不违法，不论其是否有悖社会性，都是可行的。

另一方面，企业股东有大小之分，大小股东的利益追求是不一样的，例如，大股东更热衷于控制权收益，小股东更热衷于货币性收益。如果以股东利益为标准还不足以确定是否应对会计报表进行粉饰，那么可以转换一下思考角度，

股东投资的理想目标是实现企业价值（股东财富）最大化，若是企业行为对股东权益最大化有利，则它最终也是对股东整体有利的。因此，是否有利于实现所有者权益最大化可以作为企业进行会计报表粉饰的依据。

会计报表粉饰是企业的一种理性行为。不管如何评价它的动机，有一点都是值得肯定的——和其他企业行为一样，它也是企业的一种竞争策略。

第六节　从会计报表看企业的价值实现

企业的价值取决于其未来现金流净量的折现，只有企业投入的资本回报超过资本成本时，才会创造价值。对这句话通俗的解释就是要实现企业的价值，其中有两点至关重要：第一，企业要有利润；第二，利润应切实转变为现金流入企业。

一、对企业价值实现的简要说明

1. 对企业价值的理解：从总资产与净资产角度阐述

企业资产的多少并不代表企业价值，企业的资产由两部分构成：属于股东的资产（在资产负债表上表现为股东权益）和向债权人借入的资产（在资产负债表上表现为负债）。企业的价值肯定不能用总资产的多少来衡量，因为向债权人借入的资产是要偿还的。如果总资产越多，企业价值越大，那么企业只要多举债，这一目标就能实现。

剔除负债因素，企业的价值能否用净资产（股东权益）的多少来衡量呢？这需要考察企业资产的质量[①]。实际上，企业资产质量是有差异的，有的资产质

① 这里所说的资产质量是指一项资产以其内在价格变现所需时间的长短。举个例子，有 A、B 两项资产都值 200 元，如果把它们都以 200 元的价格出售，若 A 需要 10 天，B 需要 10 个月，这就表明资产 A 的质量比资产 B 的质量要高。

量很高，如现金、银行存款、短期投资等；有的资产质量就要差一些，如应收账款、长期投资、固定资产等；有的资产质量很低，被称为“垃圾资产”，如无形资产、长期待摊费用、递延税款等。正因为资产的质量存在高低之分，净资产同样不能代表公司的价值。设想一种极端的情况，如果企业的净资产全部由垃圾资产构成，此时的企业又有何价值可言呢？

实际上，企业的价值取决于其未来现金流净量的折现，只有企业投入的资本回报超过资本成本时，才会创造价值。对这句话通俗的解释就是要实现企业的价值，其中有两点至关重要：第一，企业要有利润；第二，利润应切实转变为现金流入企业。

2. 企业价值实现的表现形式：净利润和净资产的增加

分析了什么是企业的价值，并不足以给人留下感性的印象。用未来现金流量的折现来解释价值是很抽象的，不利于非财务人员理解。鉴于此，我们有必要对企业价值的表现形式进行说明。在具体形态上，企业的价值增加大都表现为净资产和净利润的增加。我们在上文中谈到不能用净资产来衡量企业价值的高低，这里又说企业的价值增加大都表现为净资产和净利润的增加，二者是否互相矛盾呢？回答是否定的，原因在于净资产和净利润与企业价值是现象与本质的关系，现象不能代表本质，但本质能解释说明现象。

既然提到了企业价值，就有必要对企业的理财目标进行一番说明。利润最大化与每股收益最大化姑且不论，股东权益最大化与企业价值最大化是目前学术界争议较大的话题。我们不再对二者的区别与联系进行分析，在企业理财实务中，以股东权益最大化作为目标或许更便于理解和操作。在一定程度上，企业的利润、价值以及股东权益（净资产）是完全正相关的。

二、对资产负债表构成的简要分析

1. 资产负债表的构成

资产负债表的构成如表 4-1 所示。

表 4-1 资产负债表的构成

资产	负债与股东权益
1. 流动资产 2. 长期投资 3. 固定资产 4. 无形资产及其他资产 5. 递延税项 （流动性↓）	1. 流动负债 2. 长期负债 3. 递延税项 （流动↓）
	负债合计：
	1. 实收资本（股本） 2. 资本公积 3. 盈余公积 4. 未分配利润
	股东权益合计：
资产总计：	负债与股东权益总计：

2. 对资产负债表的说明

第一，总资产＝负债＋股东权益，总资产大不一定意味着企业实力强。

第二，资产与负债均按照"流动性强弱"排列，流动性反映的是资产的变现能力；流动性强的资产相对而言资产质量也要高一些，但两个概念不能等价。

第三，企业"净资产"即"股东权益"，才是真正属于股东的资产。

第四，"未分配利润"的正负可以反映企业前期经营状况的好坏；资产负债表中的未分配利润不仅指企业本年的未分配利润，还指企业自经营以来所累计的未分配利润。

3. 资产负债表对企业价值的反映

第一，看资产负债表应重点关注的是净资产，而不是总资产，净资产在一定程度上能反映企业的价值。

第二，资产的质量影响企业的价值，如长期待摊费用、无形资产、递延税款等就属于垃圾资产。

第三，应收账款的多少既能反映企业的销售质量，又能反映企业价值实现的风险。"应收账款"账户与企业的销售收入相对应，有一笔应收账款，就对应一笔收入，自然也对应相应的利润。相对而言，现金销售对企业是最有利的，因为它不存在坏账风险。一方面企业赊销往往都伴随较大的风险，赊销所占销售总额的比例越大，销售的质量越低；另一方面，赊销收现的时间越长，销售质量也越低。销售质量低意味着坏账发生的可能性大，这也表明企业实现价值的风险大。

第四，相关比率能反映企业资产结构的优劣，如资产负债率、流动资产比率等；资本结构越好，企业实现价值的风险越小。

第五，实现企业价值重点体现在增加股东权益。

第六，在股东不新投入资本的情况下，股东权益的增加体现在“盈余公积”与“未分配利润”的增加。

三、对利润表构成的简要分析

1. 利润表的构成

利润表的构成如表 4-2 所示。

表 4-2　利润表的构成

一、主营业务收入 减：主营业务成本 税金及附加	**五、净利润**（用于年度考核） 加：年初未分配利润 盈余公积转入
二、主营业务利润（主业考核） 加：其他业务利润 减：销售费用 管理费用 财务费用	**六、可供分配的利润** 减：提取盈余公积
三、营业利润（考核经营情况） 加：投资收益 补贴收入 营业外收入 减：营业外支出	**七、可供股东分配利润**（分红考虑） 减：应付普通股股利 转作股本的普通股股利
四、利润总额 减：所得税	**八、未分配利润**（对应资产负债表）

2. 对利润表的说明

第一，产生利润的来源。主营业务收入、其他业务利润、投资收益、补贴收入、营业外收入。观察企业利润构成的比例可以看出企业的经营状况是否正常。正常情况下，净利润应主要来源于主营业务收入。

第二，导致利润减少的因素。主营业务成本、税金及附加、销售费用、管理费用、财务费用、营业外支出、所得税。列出这几项内容，旨在告诉大家企业节俭成本可以从哪些方面入手。“主营业务成本”的发生体现在生产环节，“销售费用”的发生体现在销售环节，“管理费用”的发生体现在管理环节，“财务费用”的发生体现在筹资环节，“营业外支出”属于例外损失，“税金及附加”与“所得税”可通过税收筹划合理规避。

第三，销售收入确认的标准：

（1）企业已将商品所有权的主要风险和报酬转移给买方；

（2）企业既没有保留通常与所有权相联系的继续管理权，也没有对已售出的商品实施控制；

（3）与交易相关的经济利益能够流入企业；

（4）相关的收入和成本能够可靠地计量。

具体解释销售确认的标准是为告诉大家，在确认收入时不能仅仅以是否签有销售合同为依据。

第四，资产负债表中“盈余公积”和“未分配利润”的增加取决于企业“可供分配的利润”；“可供分配利润”主要取决于企业“净利润”。资产负债表与利润表的联系在于利润表中“净利润”最终通过分配归并到资产负债表的“盈余公积”和“未分配利润”之中。当然，也有分配现金股利和配股的情况。

第五，要实现企业价值，真正做到“股东权益最大化”，最直接的手段就是增加企业的利润。开拓产生利润的来源，压减导致利润减少的因子。

3. 利润表对企业价值的反映

第一，净利润是企业价值增加最重要的体现。

第二，利润的构成能反映企业实现价值的能力，企业的主要利润应由主营业务利润构成。

第三，主营业务成本占主营业务收入的比例能体现企业产品在市场上的竞争力。

第四，营业费用与管理费用总额占主营业务收入的比例能体现企业的管理绩效。

第五，财务费用与负债总额的比率能反映企业借贷成本的高低。

四、对现金流量表构成的简要分析

1. 现金流量表的构成

现金流量表的构成如表 4-3 所示。

表 4-3 现金流量表的构成

一、经营活动产生的现金流量	三、筹资活动产生的现金流量
1. 销售商品、提供劳务收到的现金	1. 吸收权益性投资所收到的现金
2. 收到的其他税费返还	2. 借款所收到的现金
3. 收到的其他与经营活动有关的现金	3. 收到的其他与筹资活动有关的现金
经营活动现金流入小计：	筹资活动现金流入小计：
1. 购买商品、接收劳务所支付的现金	1. 偿还债务所支付的现金
2. 支付给职工以及为职工支付的现金	2. 分配股利、利润或偿付利息所支付的现金
3. 支付的各项税费	3. 支付的其他与筹资活动有关的现金
4. 支付的其他与经营活动有关的现金	
经营活动现金流出小计：	筹资活动现金流出小计：
经营活动产生的现金流量净额	筹资活动产生的现金流量净额
二、投资活动产生的现金流量	四、汇率变动对现金流量的影响
1. 收回投资所收到的现金	汇率变动对现金的影响额
2. 取得投资收益所收到的现金	
3. 处置固定资产、无形资产和其他长期资产所收回的现金净额	五、现金及现金等价物净增加额
	现金及现金等价物净增加额
4. 收到的其他与投资活动有关的现金	
投资活动现金流入小计：	
1. 购建固定资产、无形资产和其他长期资产所支付的现金	
2. 投资所支付的现金	
3. 支付的其他与投资活动有关的现金	
投资活动现金流出小计：	
投资活动产生的现金流量净额	

2. 对现金流量表的说明

第一，现金流量表是对资产负债表、利润表反映企业价值时过分注重净资产、净利润的校正。

第二，企业的价值实现不仅体现在利润的高低上，也体现在现金流上。

第三，现金流的水平能够反映企业实现价值能力的高低。

第四，经营活动、投资活动、筹资活动的现金净流量能反映企业的经营状况。如果企业经营状况正常，经营活动产生的现金流量应占主要部分。相反，如果投资活动产生的现金流量占的比重大，那么表明企业主业处于萧条状态；如果筹资活动产生的现金流量大，可能是企业处于扩张期（如发行新股、债券），或者生计困难，借钱度日。

3. 现金流量表对企业价值的反映

第一，现金之于企业犹如血液之于生命，企业应树立现金流量至上的观念。

第二，经营活动产生的现金流量的高低是企业赖以维持正常运营的前提。

第三，净利润数与经营活动产生的现金流量两个指标是企业价值实现能力的两大衡量指标。

第七节　从企业价值实现的角度谈会计报表的改进

对于企业管理者而言，其所进行的管理都是基于价值的管理。其针对企业的相关预测、决策、控制等措施都应围绕企业价值实现的目标而进行。

一、什么是好的会计报表

会计报表作为企业形象的数量表示，在一定层面上，它是企业价值的外在反映。从信息传递的角度来看，企业利益相关者从一份好的会计报表中获得的信息与从一份差的会计报表中获得的信息，所做出的判断是截然相反的。什么是好的会计报表，从上文的分析来看，好的会计报表所提供的数据信息应该能够恰当地反映企业的价值。具体而言，在资产负债表中的“净资产”应反映企业的价值，利润表中的“本年利润”应反映企业本年的价值增量，现金流量表中企业的净现金流量应主要来源于企业的经营收入。

二、企业的价值实现与会计报表的改进

改进会计报表并非要大家做假账，粉饰报表。从企业价值实现的角度来谈会计报表的改进，目的是要引导大家正确地认识会计利润与企业价值增量、净资产与企业价值之间的异同，树立起为追求企业价值增长而进行管理的理念。追求会计上的利润不应是企业经理人进行管理的目的，如果企业资产质量差，会计利润只是自欺欺人的烟雾弹。

放在会计报表中，企业的价值实现体现在净资产的增减上，对净资产增减变化的考虑应注重两个方面：量和质。“量”体现于净利润的高低，“质”体现于现金流量的水平，资产的质量。会计利润能反映净资产增量的多少，如果企业的现金流量情况正常，来自经营活动的现金流量占总现金流量的比例恰当，应收账款变现情况良好，其他资产的质量较高，这时企业的会计报表就可认为是优秀的。

如果现时企业的报表还不能达到这种水平，企业负责人应努力寻找差距，找到报表水平差的原因。具体操作可体现为以下三点。

第一，不同时期企业会计报表的比较。做这项工作是为了观察企业的成长性，会计报表情况差是暂时现象还是长期现象。如果是暂时现象，应分析是市场疲软导致，还是产品竞争能力下降导致；如果是长期现象，就要考虑是不是因为产品已呈夕阳趋势。不一而足，这要根据情况具体分析。

第二，改进企业的会计报表重点表现在改进企业的利润表，如何增加企业的利润。三张报表中利润表是关键，它处于中间的位置“资产负债表→利润表→现金流量表”。利润表中“本年利润”直接影响资产负债表中股东权益的增减变化。实际上，利润数是可以和现金流量表中“经营活动产生的现金流量”建立联系的。只要企业的利润增加了，正常情况下，资产负债表的“股东权益”也

会增加，现金流量表中的净现金流量也会增加。但三者协同变化有一个前提，就是在销售实现的时候收现率要尽可能高。

第三，增加企业利润的两条途径：开源与节流。开源重在实现产品的差异化，节流重在减少产品的生产成本和企业的管理成本。会计报表的改进，绝不仅仅是会计人员的责任；恰恰相反，它是企业高级管理人员的责任。高级管理人员只有基于企业价值实现不断加强企业管理，改进技术，降低成本，才能正确地改进会计报表。

第二部分

财务管理

财务管理工作虽然没有一定之规，但它能发挥出会计人的主观能动性，让会计人的工作更加出彩。

IT技术与人工智能的兴起，让一个说法甚嚣尘上：核算会计将逐渐式微，管理会计将更为重要。我并不赞同把会计工作割裂为核算会计和管理会计，因为核算会计与管理会计本就是会计工作的一体两面。虽然如此，管理会计将成为财务工作主流却是一种趋势。管理会计到底是什么呢，要准确下定义并不容易，先来梳理一下管理会计的职能，即内控建设、预算预测、财务分析、绩效考核、投融资决策……

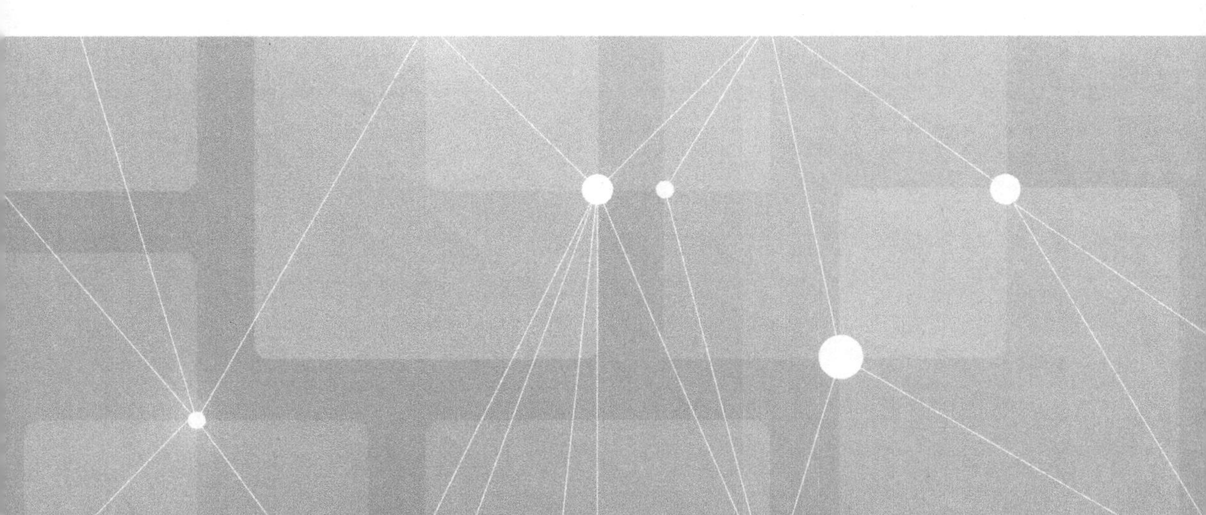

第五章

内部控制

第一节 内控落地要解决三个层面的问题

木桶理论有三个，你都知道吗？第一个，也就是传统的木桶理论讲长短板，木桶能装多少水取决于最短的那块板，告诫我们要努力改进自身不足；第二个木桶理论论述严密性，无论木板多长，木板间有缝隙，水还是会慢慢流光，告诫我们细节决定成败；第三个木桶理论讲桶底，阐述内控，桶底好比企业的内控，没有桶底，木桶谈何装水呢？

企业有没有内控与自身是否存为管理风险完全是两回事。有些企业没有内控也不会影响正常运营；而有些企业内控制度设计得极尽缜密，企业管理却会失控。问题的关键在于，企业内控是否能真正落地。如果想让企业内控发挥作用，应重点关注三个层面的问题。

一、设计层面：有没有

企业管理的关键控制点有没有制度流程加以规范，这是内控优先要解决的问题。没有制度设计，等于做事无法可依，把经营管理建立在个人的职业操守与道德良心上是不可持续的，也是危险的。

我以前任职的公司有个案例：

公司采购部经理基于特定目的，自行垄断了价值较高的原材料，他的理由是交给下面的人办不放心。

一次，这位采购部经理出差了，手机联系不上。这时生产车间急需某项原材料，可仓库断货了。这种原材料平时由采购部经理负责，其他采购人员没有供应商信息。最后总经理亲自与供应商负责人联系，商讨采购事宜，供应商负责人给出了最新报价信息。

当采购人员到财务部请款时，我发现该原材料此次报价只有平时的1/3，当时我的第一感觉是降价了。我向总经理提出可以加大该原材料的采购量，备一批货，总经理同意了我的意见。随即总经理向供应商负责人确认降价原因，供应商负责人表示从未降价。这时总经理和我都感到此中有问题。

总经理指示，凡由这位采购部经理经手采购的材料都要挑出来重新询价。这一较真，问题曝光了，该采购部经理亲自采购的材料其价格几乎都是市面价的三倍。出现这种情况，相信个中缘由大家都能判断清楚。

总经理就此事问我有何解决办法，我提出了三点建议：

第一，采购与询价分开，采购人员不管询价，询价人员不管采购；

第二，所有的询价都要货比三家，询价信息要公开；

第三，采购人员与询价人员要定期轮换，不能长期负责同一供应商。

通过这个案例，我想说明一个道理，设计规则等于框定路径，至少可以保证不偏离大的方向，有总胜于无。

二、执行层面：细不细

企业在设计内控制度时要考虑执行环节所有可能的场景，要在制度中一一明确。如果用词模糊，每个规定就可能存在多样性解读，执行人一定会选择对自己最有利的解读行事。

某公司规定，资金支出单笔超过10万元的须报经董事会审批。这项规定看似具体，实际执行中却被架空了。公司总经理为了规避董事会审批，授意对大额付款进行分拆，比如把15万元付款分为8万元与7万元两次支付。

这一现象后被董事会知晓，公司《资金支出管理办法》做了补充规定，同一经济事项付款累加超过10万元的，也须报经董事会审批。

内控在执行层面应尽量做到约定明细，流程接地气，让每种可能都有约定，让每项条文都无歧义。

三、考核层面：用不用

再好的内控设计如果没有被认真对待也不过是一纸空文，把制度用起来才是关键。还有一点需要注意，内控是明确纪律的，最终要落实到奖惩上。我看过某企业集团的制度汇编，每项制度对可为和不可为的情形规定得很清楚，但有一个问题，制度没有闭环，制度中没有约定归口管理部门，没有规定如何检查制度的落实与执行，自然就不会有惩处的字样了。

第二节　财务岗位设置的原则与依据

企业财务如何分工？岗位如何设置？相信这些问题不仅财务负责人感兴趣，一般的会计从业人员也会感兴趣。

一、财务岗位设置的原则

企业设置财务岗位时，以下几个原则需要注意。

1. 成本效益原则

成本效益是企业负责人最为关注的，健全的财务岗位、职责明确的财务分工不是一蹴而就的，而是随着企业的成长与发展不断演进的。

（1）有些初成立的小企业不聘用会计，而是将会计账交给代理记账公司处理。

（2）随着企业规模扩张，企业负责人会聘用一个身兼出纳、账务、税务等诸多工作的会计，这名会计人员甚至身兼人事、行政、库管等非财务工作。

（3）等到企业初具规模后再成立财务部，设有会计、出纳岗位，财务人员开始有了明确分工。

2. 岗位不相容原则

这是企业内控的基本要求，即不相容岗位不能由一个人担任，比如管钱的出纳和管账的会计要分开。若这两个岗位不分开，一旦作假则很难发现。不相容岗位不分离，有问题不易被发现。

3. 独立性原则

当企业发展到一定规模后，财务和业务要相对独立，财务人员不仅要确保会计数据真实可靠，还要起到对业务的监督作用。

这几个原则的侧重点与企业发展阶段息息相关。初创企业要先生存，更加侧重成本效益原则；发展中的企业开始对企业内控提出要求，要求各岗位各司其职、职责分离、相互制约，这时更加侧重岗位不相容原则；当企业发展到一定规模后，财务工作不仅仅是处理账务，还涉及业务监控，这时独立性就很重要了。

二、与企业发展阶段相匹配

财务岗位设置既不能滞后，也不宜超前。滞后影响企业管理，超前加重企业运营成本。

1. 小微企业财务岗位规划

小微企业财务管理往往难以做到职责分离，会计相当于企业的管家，既要管财务，又要管人事行政，偶尔还要当老板的参谋与助手。这种状况下，给财务人员以下两点建议。

第一，摆正位置。不是所有的问题财务人员都可以解决，也不是所有的变革财务人员都能推动。财务人员往往责任心特别强，总想帮助企业改进管理、规范流程。问题在于，你的想法需要获得老板的认同后才能推进。

另外，财务规范需要符合企业发展现状。例如，家财务，老板的钱和企业的钱不分，这依据会计原则是不可以的。这样做不仅有税务风险，还有法律风险。可是企业规模小的时候需要资金供给，老板只能不断拿个人的钱补缺口。此时，“家财务”是维持企业运营的一种做法。

第二，不要推脱财务以外的其他工作。当老板觉得你的财务工作量不饱和时，很可能让你兼做非财务工作。接受这样的工作安排可以增强你的工作能力，体现出你在企业的重要性，让老板觉得你是不可或缺的。

2. 中等企业财务岗位规划

中等规模的企业大多会有一名财务负责人，头衔可以叫财务总监、总会计师、财务总经理等。财务部一般由会计核算和财务管理两部分构成，各设两名主管，一名叫会计主管，另一名叫财务主管。会计核算岗位主要包括一两名出纳以及费用会计、总账会计、会计主管等多名会计；财务管理岗位主要包括职能预算、分析、项目管理、资金管理等。

3. 大型企业财务岗位规划

大型企业财务管理的特点是财务分工明确，制度完善，流程清晰，需要个人的职业判断比较少。我曾把大企业的会计人员分为五个层级：基础会计、中级会计、管理会计、高级会计以及顶尖会计。

（1）基础会计：从事出纳费用报销开票这样的工作。基础会计往往是由会计新人或者学历比较低的会计人员担任。

（2）中级会计：从事成本会计、总账会计、税务会计以及结账等工作。这样的工作需要从业者有一定的工作经验以及积累。

（3）管理会计：脱离会计核算，能独立应对预算、财务分析、项目管理这样的工作。

（4）高级会计：中等企业以上规模能够担任财务负责人的角色，能够给企业提出系统性的解决方案，帮助企业进行合理的内控制度建设。

（5）顶尖会计：有丰富的对接资本市场的经验，是准备上市的公司争相邀请的对象。

第三节　财务部与其他部门的关系

为什么财务部总对其他部门不放心？原因主要在四个方面：（1）企业内控不健全，人治与经验主义盛行；（2）财务人员未抓住关键风险点，滥用谨慎性原则；（3）财务人员对企业经营决策参与度不够，不明内情；（4）财务人员自私心理作怪，担心自己会承担相应的责任。

在日常工作中，财务人员应具有较强的风险意识、责任意识和大局意识，处理每一笔业务都要严谨细致，而业务部门则需要财务部的信任、理解与支持。这种情况下，二者难免产生冲突，原因主要有以下几方面。

一、企业内控不健全，人治和经验主义盛行

由于财务工作处于末端，企业所有的风险与问题最后都会在财务环节集中暴露。财务人员在末端总是看到问题暴露，风险和责任意识就会不由自主地爆发出来。此时，其会主动对猜疑求证，想对风险进行控制。这种心态是由财务人员的责任感所造成的。

二、财务人员未抓住关键风险点，滥用谨慎性原则

在学会计时，老师可能在第一堂课就会告诉我们，会计有谨慎性原则。自从学到这个原则后，有些财务人员把这个原则当成了金科玉律，在很多地方滥用。为什么滥用谨慎性原则呢？这是因为财务人员不知道在什么时候、什么环节会出问题，会有风险。为保险起见，财务部会无端地设置壁垒和门槛，目的是把风险挡住。这一点是由于财务人员的不自信造成的。

三、财务人员对企业经营决策参与度不够，不明内情

很多财务人员参与企业经营决策的程度不高，对企业的具体业务运作不了解。一旦业务运作不透明、不合规，夹杂着不按常理出牌，财务人员会适应不了。财务人员习惯按照理想化的模式考虑问题，当现实与理想出现冲突时，会本能地猜疑。因为有这样的想法，所以财务人员会有一种防御心态。

四、财务人员自私心理作怪，担心自己要承担相应的责任

财务人员到底要承担什么责任呢？华为任正非先生的一个观点：业务承担所有的风险责任，财务提供风险分析和揭示风险。业务不仅要对增长负责，也应对利润负责，更应对法律遵从负责。

财务人员的责任是提示风险，如果把风险提示到了，而主管领导没有采纳，那么主要责任应由主管领导承担。如果财务人员连风险都揭示不出来，显然是缺乏能力和水平，对企业业务的了解也是很欠缺的。这种情况下造成的企业经

营决策失误，财务人员需要承担一部分责任。

财务部总对其他部门不放心，根源还在于财务人员未能融入业务。要由“不放心”变为“放心”，一方面需要财务人员有更开放的心态；另一方面，需要财务人员走进业务，了解业务。

第四节　中小企业财务管理的五大弊端

中小企业财务管理的五大弊端：（1）家财务，任用亲戚做会计；（2）无制度，老板的话就是制度；（3）一言堂，企业决策老板一人说了算；（4）偷漏税，挖空心思骗税务；（5）两套账，目的还是偷漏税。这些问题看似严重，其实根源就在老板一人身上。等到企业利润增加，老板希望企业规范的时候，一切都能解决。

“中小”两字是针对企业的规模而言的，中小企业的财务管理同样具有企业财务管理的属性。本质上，中小企业的财务管理与大型企业的财务管理基本是相通的，有其共性。但中小企业老板个人地位更显要，这一特色决定了中小企业在管理上有它的特殊性，这些特殊性也会影响企业的财务管理，让财务管理衍生弊端。

一、家财务，任用亲戚做会计

家财务是中小企业常见的弊端，老板的钱就是公司的钱，公司的钱也是老板的钱，混淆了法人与个人。这种公私不分的做法，会让老板个人面临法律风险、债务风险与税务风险，因此是非常不可取的。

另外，有些小企业老板爱用自己的亲戚做会计，主要原因有三点：

（1）控制风险，防止被举报；

（2）搭建利益共同体，遮掩违法违规的举动；

（3）内控不健全，利用亲戚的责任心弥补。

二、无制度，老板的话就是制度

中小企业不像大企业那样有完善的制度流程，一切有章可循。很多中小企业都缺乏财务管理制度，或者有制度也形同虚设。经办事情时真正管用的是老板说的话。老板怎么说，财务就要怎么做。今天这么说，就这么做；明天那么说，就那么做。这些企业在规则遵循上表现出极大的随意性。

三、一言堂，企业决策老板一人说了算

在许多老板的眼里，企业就像自己的孩子一样，只有自己对它才是最尽心的。因为有创业之功，所以老板在企业里的个人权威性很高。这种权威性甚至是企业创立的必备条件。在经营决策时，大家畏惧老板的权威或者过度依赖老板的权威，会导致一言堂。如果老板的眼光犀利，决定明智，企业的效率会有保证；但要是老板想法错了，企业就危险了。

四、偷漏税，挖空心思骗税务

中小企业偷漏税的原因主要有两点：一是中小企业对税负的承受能力不够；二是纳税意愿较弱，企业老板法律意识淡漠。如果是后者，企业等于在挖空心思欺骗税务。财务人员处身其间，是要承担一定法律风险的。

五、两套账，目的还是偷漏税

一套账对外，一套账对内。两套账的主要差别在企业一部分收入不入外账，回款直接进到了老板个人的兜里。两套账既逃了增值税，又逃了所得税。中小企业两套账的手法一般比较拙劣，说白了是一种自欺欺人的掩饰。一旦税务严查，基本上无可遁形。

上述这些问题看似严重，其实根源就在老板一人身上。等到老板意识转变了，自己希望企业规范的时候，这五个弊端都能解决。老板在什么时候会转变意识，主动提出规范财务管理呢？一般有三个契机：

（1）企业利润增加，规模做大了，老板不愿意再承担那么大的风险时；

（2）企业打算引入新的股东，出现了利益制衡时；

（3）企业准备走入资本市场，需要更开放地面对投资人时。

中小企业财务管理的弊端解决并不难，关键在于老板是不是真心情愿去解决它。

第五节　母子公司管理的责权界定与边界划分

总部对子公司的管理有三重顾虑：（1）怕管得太多，束缚了子公司经营班子的积极性；（2）怕管得太少，让子公司成了“独立王国”，进而管理失控；（3）害怕信息不对称，子公司欺骗总部。总部对子公司应该如何管理呢？我推荐华为任正非的一个思想，让听得见炮声的人做决策，给子公司更多的自主权，但总部要加强监督权。

一、管多管少都不合适

母公司对子公司进行管理时，有哪些顾虑呢？母子公司的管理主要是基于资本纽带。母公司对子公司不可能面面俱到，因为子公司毕竟是一个独立的法人实体。子公司有它的经营班子以及利益诉求，因为信息不对称，经营层的道德风险与逆向选择随时都可能发生。

如何解决信息不对称的问题，势必要求母公司加强对子公司的监管。监管的灰度是难以把控的。管得少，子公司可能会失控，搞成“独立王国”，不服从总部管理。管得多，又会打击子公司经营层的积极性，让子公司的经营班子有职无权，不愿意做决策，从而丧失激情。无论管多还是管少，显然都没有达到真正要管的目的。

可能有人马上会说：“那我管得恰到好处，既不多又不少，不就好了吗？”这么说很容易，可是“度”要把握得恰到好处是非常难的事情。谁敢说自己的“度”刚好是最合适的呢，这个不太好判断。

二、让听得见炮声的人做决策

对于监管，有没有可参考的办法呢？我在这里给大家分享任正非的一个观点。任总曾提到，对子公司的管理，如果都由总部统一管理和决策，会导致决策的链条太长，往往会耽误事情。子公司把需决策的问题抛到总部来，由于总部对问题不清楚，决策之前还要重新到下面核实情况。这样一来一回，等到决策传达给子公司时，往往错过了最佳时机。

因此，任总提出了一个观点：让听得见炮声的人做决策，意思是把决策权交给一线的管理者，不要处处由总部代劳，处处替一线做决策。这一观点缩短了华为的决策链条，极大提升了工作效率。我认为这一观点用于母子公司的管理是非常恰当的。

三、让渡决策权，加强监督权

明确了谁能拍板的问题，另一个问题又出现了。如果子公司的决策层利用自己的决策权做一些不理性、不道德的事情，甚至损害公司的利益，总部该怎么办呢？如果子公司的决策都需要总部把关，等于又回到了管得太多的老路上来。

权利的边界如何切分？任正非提出了另一个针对性的办法，把决策权让渡给一线的同时，总部要加强监督权。这样一来，权利的边界就分清楚了。一线做决策，总部做监管，各司其职。

或许管理本来就不存在绝对正确的方法，每一种管理方法都会伴随一定的副作用，关键是要有防范副作用的办法。母子公司的管理不妨参照任正非的上述观点进行。

第六节　内控建设的关键环节

内控建设的关键是管住总经理。从人性上讲，没有人愿意主动接受条条框框的束缚。在企业中，总经理也许有意愿设计制度去制约副总以下的干部权力的使用，但很难主动制定出针对自己的约束条款。假如董事会缺位，总经理的权力等于没有管制机构。此时，如果其蓄意践踏内控，一旦出问题，后果往往不可收拾。

从权力结构看，企业的各级领导都有上级主管领导，主管由部门经理管，部门经理由主管副总管，副总由总经理管，总经理由谁来管呢？问题出来了，名义上总经理由董事会制约，但有些企业的总经理很大程度上无人制约，特别是由董事长兼任总经理时。

内控好坏不在于内控条文写得如何漂亮。内部控制的终极思想是让权力相互制衡，权力制衡意味着每个人的行为都要受到制约。

很多企业内控制度虽然形式上是健全的，但执行得并不好。内控制度往往都是用来管别人的，一旦管到自己头上就形同虚设，久而久之就会导致内控制度的口子撕裂开来。一旦总经理刚愎自用或蓄意践踏内控，企业管理就会出现大问题。可见，企业内控建设的“牛鼻子”是管好总经理。

管住总经理等于扶正了“上梁”，“下梁”会摄于形势效仿之。内控如果对总经理权力使用制约到位，那么企业很少会出现系统性的责任事故。内控好的企业，总经理大都是廉洁自律的，“一把手”会给下属带来示范效应，进而形成良性的企业文化。内控不好的企业，很多是因为总经理自身对企业的管理存在问题，久而久之，无视制度会成为习惯。

对总经理的权力监督历来都是难题，总经理没有自上而下的压力，下级更不会“逆龙鳞”。总经理越强势，威望越高，越难对其监督。现实中很多显赫一时的企业倒下去，很大一方面原因就是总经理过度膨胀、独断专行。当企业关门后，许多员工往往会事后诸葛亮般地抱怨：“早就提醒过他了，可惜他不听。”

研究一下华为、阿里巴巴这样的优秀企业，不难发现其掌门人一方面强调制度建设，另一方面强调自律。任正非在华为不享受制度外的任何特权，企业的内部审计照样要对他的廉洁程度出具审计意见。

在企业治理不完善的情况下，外力对总经理的制约基本无效，内控对总经理的制约也只能依靠其本人的自觉。虽然把完善内控的希望寄托在总经理自觉上是危险的，但实际情况是，没有总经理的自觉与垂范，内控或者建立不起来，或者是一纸空文。无数垮掉的企业证明了前者，一些企业的总经理腐败现象可证明后者。

如果总经理自觉维护内控能成为集体意识，进而形成制度，形成企业文化，那么管住总经理就可能成为现实，企业也能长远发展。

第七节　化解内部审计尴尬的关键点

“全球统一的会计核算和审计监控是长江的两道堤坝，只有这两道堤坝足够坚固，财经管理职能才能从容有效地开展。”这是任正非对华为公司会计核算、财务管理与审计监控三者关系的描述，准确而形象。

会计核算是对业务真实性的监督，内部审计是对会计核算真实性的监督。会计核算形成财务数据，这些数据是进行财务管理的基石，只有会计核算与内部审计做实了，财务数据才是可信的，财务管理才能有效地开展，并为业务决策提供支持。用一句话总结：业务制造数据，会计核算数据，审计监督数据，财务使用数据。

一、内审隶属关系的革新：内部审计外部化

很多企业的内部审计部门地位尴尬，甚至成了务虚的部门。内部审计要立得住，还需把握好度，直击痛点。

1. 内审的权威性

内审的权威性取决于以下三点。

（1）隶属的层级。隶属层级越高，内审越超脱。

（2）独立性。内审部门在企业内不适宜搞360度评价，能评价内审的只能是其隶属的上级。

（3）企业“一把手”的垂范。企业“一把手”尊重内审结果，一碗水端平是树立内审权威的最佳方法。

2. 内部审计的隶属层级

如果将内审机构置于企业治理结构中，可罗列出五种安排：

（1）向董事会（长）负责；

（2）向监事会负责；

（3）隶属于审计委员会；

（4）向总经理负责；

（5）向财务总监负责。

企业要想从制度上保证内审的权威性和独立性，对内审的“管辖权”和“执行权”进行变革是关键。如果内审的独立性是障碍，最彻底的办法是内部审计外部化。

二、内部审计的权威性源于“一把手”的垂范

任正非提道：“审计是司法部队，关注‘点’的问题；财务监控关注‘线’的问题，与业务一同端到端地管理；道德遵从委员会，关注‘面’的问题；持续建立良好的道德遵从环境，是建立一个‘场’的监管。”

财务是线上的监督，审计是对财务的再监督。因为成本效益原则，内审只能抽查，做“点”上的监督。正是因为审计监督不可能做到全覆盖，所以需要人的自律以及企业文化的引导。

华为内审非常严格。曾有市场经理做假验收报告，几年后被审计发现，当即就被除名。即便对任正非本人，审计也不留情面。某次任总的差旅费中被审计查出含洗衣费，任总同样被处罚并做了自我批评。刚性约束源于忧患意识，任总不止一次说过：“华为很难被外部力量打败，唯一能打败我们的是来自内部的腐败。”

三、技术进步会打破既有的审计局限

1. 人工智能会导致内审重心前移

人工智能时代内部审计的重心需前移。之前我曾写了一篇有关华为财务管理的文章，其中有个论述，认为会计核算是对业务真实性的监督，内部审计是对会计核算的二次监督。有位华为同事发微信纠正我，说华为的内审着力点早不是会计核算了，事实上关注会计核算已不足工作量的5%，IFS（集成财经服务）变革后华为内审方向已前置为业务合规性。

2. 技术革新会让内审由抽样变为全查

正如上述任正非所讲，内审应关注“点”的问题。对任总所提到的“点”，我们应如何理解呢？基于成本原则，内审是以抽样结果推断整体情况。考虑到审

计成本，目前内审还不能做到全查，否则就搞成第二财务部了。等到未来人工智能进入审计领域，全面审计有可能替代审计抽样，这将颠覆现有的审计理念。

第八节　大股东借钱不还的三大风险

曾有粉丝在分答上问我：老板是企业大股东，任董事长兼总经理，老板个人有需要时总会从企业借走资金，借走后长期不归还，有什么风险吗？

股东从企业借钱的问题应该说在民营企业比较普遍。民营企业存在“家财务”的现象，老板的钱就是企业的钱，企业的钱也是老板的钱，混淆了法人与个人。老板从一开始就把企业当成提钱机器，甚至没有考虑过这么做存在很大的风险，即债务风险、税务风险和违法风险。

一、相关风险

在会计核算上，大股东从企业把钱拿走，会计分录为：

借：其他应收款——大股东
　贷：银行存款

这么做分录等于是确认大股东对企业负有一笔债务，这样的行为可能会涉及以下三个方面的风险。

1. 债务风险

欠债还钱是天经地义的，如果企业股东只有大股东一人，或大股东夫妻两人，这笔债务企业不会主动向大股东追偿。一旦企业发生了股权变更，第三方股东就可能要求大股东归还所欠企业债务。另外，如果企业到期不能偿还外部债务，而大股东又占用企业大额资金，债权人可以向法院提请让大股东承担连带偿还责任。

2. 税务风险

按照税务的规定，股东借款超过一年没有归还，且不能证明是用于生产经营的，税务会将之视作分红。不少企业大股东的个人资金与企业资金不分，或许无心逃税，但可能因此“中枪”。建议大股东要有这个风险意识，至少保证在年末时把钱还给企业。

3. 违法风险

大股东从企业借款，手续不完整的，极易触发刑事责任。现在虽不再提抽逃注册资本了，但此行为很容易导致挪用资金或职务侵占。

夫妻开办的小企业无所谓，但若另有第三方小股东，大股东从企业抽走资金就要担心了。此时企业不再是一家人的了，如果借钱没有取得小股东同意，那么很可能会被小股东举报。无论被定性为挪用资金还是职务侵占，大股东都要承担相应的刑事责任。

二、建议

因为大股东拥有企业的实际控制权，所以一定要保护好自己，千万不要轻信股东关系与口头约定。要防止这几类风险，建议如下：

（1）借款之前通过董事会决议或股东会决议，取得股东或董事的支持，明确大股东借款不是私下的行为；

（2）签订借款协议，约定借款期限与借款利息，企业逐月计提借款利息，明确借款属性。

当然，更希望大股东能做到公私分明，规范财务管理，这是杜绝此类风险的最佳方法。

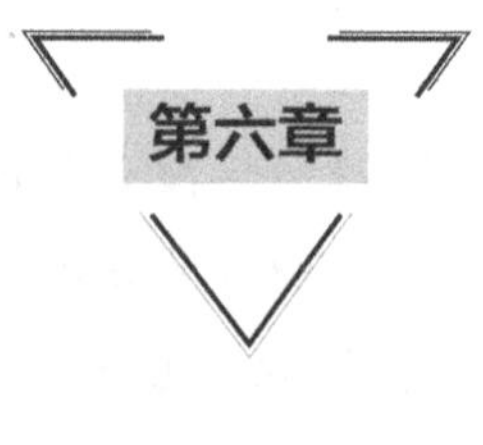

第六章 营运管理

第一节　营运资金管理与 OPM 战略

如果说筹资管理、投资管理体现企业的战略思想，营运资金管理则是反映企业的管理水平。营运资金管理到位的企业，管理会更精细，会在企业采购、生产、销售各环节要收益。营运资金管理的目的是提高企业资金的周转速度，降低企业资金的占用成本。

一、营运资金管理的重点科目

广义的营运资金又称总营运资本，是指一个企业投放在流动资产上的资金，具体包括现金、有价证券、应收账款、存货等占用的资金。狭义的营运资金指某时点内企业的流动资产与流动负债的差额。我们通常所指的营运资金是狭义的，计算公式如下：

营运资金 =（应收账款 + 预付款 + 其他应收款 + 存货）−（应付账款 + 预收账款 + 其他应付款 + 应付工资 + 应交税费）

从公式中不难看出营运资金管理的重点在三个科目：应收账款、存货、应付账款。这三个科目对应的是企业的销售环节、生产环节和采购环节。

二、营运资金管理的目的

如果说筹资管理、投资管理体现企业的战略思想，营运资金管理则是反映企业的管理水平。例如，营运资金居高不下的企业，可能是产品竞争力不够，也可能是商业信誉不高。

营运资金管理到位的企业，管理会更精细，会在企业采购、生产、销售各环节要收益。营运资金管理的目的是提高企业资金的周转速度，降低企业资金的占用成本。

先说营运资金管理如何衡量企业资金周转。

现金周转天数 = 存货周转天数 + 应收账款周转天数 — 应付账款周转天数

企业要想让现金周转加速，一是要加快存货周转，缩短应收账款账龄，拖延应付账款的付款周期。二是降低资金成本，尽量在销售产品时预收账款，采购时延期付款，这无异于客户、供应商都在给企业提供无息贷款；反过来，若销售产品时为应收账款，采购时为预付账款，这等于客户、供应商在无偿使用企业的钱。显然，营运资金管理应追求前者的效果。

三、OPM 战略

这种运作商业信用的方法叫 OPM（other people's money）。企业营运资金管理不妨对标 OPM，“用别人的钱”还是“被别人用钱”，一正一反间不仅减少了资金占用，还可省下不菲的资金成本，甚至有企业（如商超、电商平台）盈利主要依赖 OPM。

OPM 战略是企业无成本甚至低成本的资金来源，可以减少企业长期资本的占用，进而提升企业的投资回报率。然而，对于那些通过 OPM 战略进行融资的企业来说，过度使用这一融资方式会导致与供应商的关系恶化，引发供应商挤兑，同时带来巨大的财务风险。

四、海尔的零营运资金管理

企业在运营资金管理上需做的是不断降低营运资金的规模。海尔在这方面表现得很突出。海尔曾提出追求零营运资本管理，以尽可能减少企业在流动资产上的资金占用。零营运资本管理是一种极限管理，当然不是真的要求营运资本为零，而是尽量使营运资本趋于最小。

这种管理模式在实战中火力多集中在存货与应收账款。要做到存货最小，措施为JIT（准时生产）管理与订单生产；要做到应收账款最小，应拒绝赊销。

第二节 客户ABC分类法实施的案例分析

以销售人员为管理重点的应收账款管控模式弊端较多。现实中，大多数企业都同时存在拖款和被拖款的问题。很多企业的坏账规模高达上千万甚至上亿元。面临这样严峻的坏账压力，如何管理好应收账款，将事后控制变为事前控制，本节将以案例分析的方式系统论述。

企业对销售人员的激励方式大都采用“销售提成制”，即根据销售人员销售额的一定比例计算提成：在销售款回笼后，兑现提成；出现坏账时，扣减销售人员的工资或奖金。只要不存在销售人员与客户相互勾结的情况，销售提成制能较好地规避销售部门盲目“踩油门”的弊端。

但该模式有一个缺点，即它是一种事后控制。一旦某个客户恶意拖欠货款或无力归还货款，即使对销售人员进行惩处也无法弥补损失。

一、客户ABC分类法

MM公司为某医药销售公司，年销售收入约4 000万元，客户数量约450家，其中三年以上长期客户约400家，前100家大客户销售收入占公司销售收入的83%以上。MM公司将销售规模在前100位的客户定义为重点客户。该公司应收账款的规模约1 000万元，从2016年底应收账款占用情况看，欠款前100名的客户共占用780万元。但这100家客户并不都是重点客户，欠款大户与重点客户的重合度为76家，这76家客户共占用应收账款320万元。可以看出MM公司应收账款的管控并不合理，非重点客户占用了公司过多的资源。

MM公司依据上年度450家客户销售回款率的高低，将客户划分为A、B、C、D四类。例如，2016年对客户X销售150万元，客户Y 85万元，客户Z 195万元……客户X回款140万元，客户Y回款110万元，客户Z回款210万元……我们可以计算出每个客户的销售回款率[回款额 ÷（销售收入 ×1.17）]。这里所说的回款含现销回款、应收回款和预收账款。回款率在100%以上的重点客户为A类客户；回款率在100%以上的非重点客户（记为B1）或回款率在90%~100%的重点客户（记为B2）为B类客户；回款率在80%~90%的为C类客户；回款率低于80%的客户为D类客户（其中重点客户以D2列示），D类客户不予赊销；新增客户，视同D类客户管理。之所以选取回款80%作为是否赊销的红线，原因是20%是MM公司产品毛利率的水平。表6-1是MM公司2016年年底公司客户ABCD分类及应收账款的分布情况。

表6-1　MM公司2016年年底客户ABCD分类及应收账款的分布情况

金额单位：万元

类别		客户数		应收账款	
		数量	比率（%）	金额	比率（%）
A		32	7.11	38	3.80
B	B1	234	52.00	120	12.00
	B2	22	4.89	520	52.00
C		86	19.11	265	26.50
D	D1	42	9.33	45	4.50
	D2	34	7.56	12	1.20
合计		450	100	1 000	100

二、赊销额度的分配

依据客户分类及上年度销售规模，我们可以逐一确定ABCD四类客户下一年度的赊销额度为多少。目的在于保证回款信誉好的客户拥有更大的信用额度，扩大销售，同时也能通过额度调整逐步淘汰信誉差的客户。赊销额度的分配涉及两个层次：第一，ABCD各类客户的分配；第二，ABCD各类中单一客户的分配。表6-2为ABCD四类客户的赊销额度分配标准，表6-3为C类客户赊销额度分配标准。

表 6-2 ABCD 四类客户的赊销额度分配标准

金额单位：万元

类别		户数	2016 年销售收入		2017 年赊销额度	
			金额	比率(%)	金额	比率(%)
A		32	860	21.50	28.86	270
B	B1	234	730	18.25	24.50	229
	B2	22	570	14.25	19.13	179
C		86	820	20.50	27.52	258
D	D1	42	110	2.75	–	
	D2	34	910	22.75	–	
合计		450	4 000	100	100	936

注：（1）假定 2017 年 MM 公司收入预算仍为 4 000 万元，销售毛利率 20%；
（2）2017 年赊销额度总金额 936 万元，测算依据为 4 000 × 20% × 1.17；
（3）2017 年赊销额度比率根据 ABC 三类客户 2016 年销售收入占比计算。

表 6-3 C 类客户赊销额度分配标准

金额单位：万元

类别	2016 年销售收入		2017 年赊销额度
	金额	比率(%)	
C1	Y_c^1	I_c^1	$258 \times I_c^1$
C2	Y_c^2	I_c^2	$258 \times I_c^2$
C3	Y_c^3	I_c^3	$258 \times I_c^3$
…	…	…	…
C86	Y_c^{86}	I_c^{86}	$258 \times I_c^{86}$
合计	820	100	258

三、赊销额度的调整

额度标准每年编制一次，由 CEO、CFO、销售总监共同签字确认，不能随意变动。如有特殊原因，每个季度可以在额度范围内做一次调整。赊销额度调整涉及两个层次：第一，ABCD 同一大类中，两个或多个客户赊销额度的增减；第二，ABCD 不同大类中，两个或多个客户赊销额度的调整。如果赊销额度需要调整，销售总监应向 CEO 提出申请，经同意后报 CFO 备案。

赊销额度有利于扩大销售，但弊端也是很明显的，无需多述。由财务部参与制定赊销额度，实际是对销售部门盲目扩大销售规模的一种制约。赊销额度的调整实际是扩大销售与减少坏账的博弈。当增加某一客户的赊销额度时，需同时削减一家或数家客户等额的赊销额度，以保证总赊销额度数保持不变。例如，销售总监认为 C7 客户回款率提高，且销售规模有进一步扩大的趋势，需加大该客户的赊销额度 10 万元；同时，他认为 B117、C3、D24 这三个客户回款情况不理想，要求分别削减 2 万元、3 万元、5 万元的赊销额度。在报经总经理批准并经财务部确认后，可以扩大 C7 客户赊销规模 10 万元，同时减少 B117、C3、D24 这三个客户的赊销额度各 2 万元、3 万元、5 万元。

ABC 分类法允许调整额度标准，是为了避免“降低风险影响销售规模”这种情况的发生。在实践中，很多企业的信用政策出现了两难境地：应收坏账风险降低后，销售规模下降了；放松信用标准后，销售上来了，但坏账风险也增加了。企业在几个客户间等值调整赊销额度的方式就是在风险水平和销售规模之间追求平衡。ABC 分类法通过“此消彼长”调整赊销额度，利于企业把有限的资源配置给高质量的客户，获得双赢。在实际工作中，企业需要根据客户的财务状况、信誉、以往的业务记录等信息建立客户档案，综合评定资信等级。通过不断地完善客户档案，实现对客户的动态管理。企业需要努力培育和维护高级别客户，对其实行宽松的信用政策；对低级别的客户实行严苛的信用政策，或放弃业务关系。

第三节　采购与销售合同的审核要求

财务人员审核采购与销售合同主要关注流程合规性、资金风险、税务风险等方面。合同审核是企业内控管理的一个方面，这项工作做到位需要与一系列的配套管理措施相结合，如付款审核要与预算管理相结合，签约主体审核要与供应商选择与客户信用等级评价相结合。如果合同评审没有法务把关，财务审核的责任更为重大，还需关注合同的合法合规性。

企业签订采购合同、销售合同时往往需要财务人员审核，合同信息那么多，从头看到尾工作量太大了。一般情况下合同已有法务人员把关，还需要财务人员审核什么呢？

如果企业规定采购合同、销售合同要有财务审核环节，那么是个好现象，说明该企业对财务工作很重视。财务审核属于专业性审核，无需面面俱到，主要应着眼于财务管控的范畴。

一、采购合同的审核要点

（1）合同审批流程是否完整，有无越权审批的现象。

（2）采购额度是否在预算范围内，企业是否有足够的资金支付货款。

（3）乙方的银行账户信息是否完整，是否注明付款的约定时限。

（4）付款方式是如何约定的。签订合同时一般会约定付款方式，惯例是签订合同后支付首款，产品交付后支付第二期款，质保期过后支付尾款。首款比例如何确定呢？这要看合同标的是什么。需生产制造的，首款比例会高一些，以盖住对方材料成本为宜。服务类或软件类标的，首款不超过 10% 为好。这只是理论参考，议价最终取决于双方的谈判结果。

（5）有无验收不合格时的退赔约定。

（6）有无约定开票时限与发票类型，开票信息是否完整，并应索取增值税专票。

二、销售合同的审核要点

（1）合同签署是否符合企业的流程制度，如合同的签批流程是否到位。

（2）预估销售合同的利润，对合同的盈利情况签署意见。

（3）能否在合同签订阶段进行税收筹划。例如，选择恰当的签约主体，对于多法人实体运营集团，选择低税负主体与客户签约，综合考虑流转税率与所得税负担；将合同额分拆，把商品销售与服务销售分开，让销售额分别适用不同的流转税率，尽量多签低税率的销售部分；把回款与开票、确认收入分开，让纳税义务后延。

（4）对风险进行把关，包括有无交付风险；评价客户的信用等级，分析有无坏账风险。

（5）审核收款方式、收款时点是否对公司有利，收款的银行账户信息是否完整。

（6）审查发票开具的时间、发票类型以及开票信息是否完整。发票要在收款后再开具，以防买方拿到发票后不付款或自称已付过款，而卖方又没有证据证明未收到款。“先开票后收款”也并非不可行，但要做好预防工作。例如，在合同中明确开票与付款无关，并约定付款方式；在交付发票时让买方备注尚未付款；要求买方开具已收到发票的回执，注明尚未付款。

综上所述，我们可以作出如下总结：财务人员审核采购与销售合同主要应关注流程的合规性、资金风险、税务风险等方面。合同审核是企业内控管理的一个方面，这项工作做到位需要与一系列的配套管理措施相结合，如付款审核要与预算管理相结合，签约主体审核要与供应商选择和客户信用等级评价相结合。

财务人员审核合同的目的自然是降低执行合同的风险，合同风险可能存在于多个层面，财务审核不能替代法务审核。如果合同评审没有法务把关，财务审核的责任更为重大，还需关注合同的合法合规性。

第四节　企业承受的四大成本压力

企业承受的四大成本压力为税费成本、人工成本、地租和房租成本、物流成本。其中，税费成本主要是指增值税和所得税；人工成本是指企业向劳动者发放的工资以及相关福利待遇；地租与房租成本越来越贵，既直接加大了企业的成本压力，也间接拉升了人工成本；物流成本可以决定企业的“生死”。

一、税费成本

无论是增值税还是所得税，税率都不低，二者同时征收可以想象企业的压力。企业税负的现状是流转税与所得税双高。流转税是“卡脖子”的税，企业只要有销售行为，无论是亏是赚，都要交税。所得税的逻辑相对合理，但要解决重复征税的问题。一笔利润企业所得税拿走25%，分红时个人所得税拿走20%，综合下来，两项所得税要占利润（税前）的40%。

这项税负究竟高不高，一可与其他国家横向比，二可就企业历史税负纵向比，用两组数据说话可能更有说服力。税制改革大概都有轻税薄赋的初衷，如何让企业有税负减轻的获得感，这是税制改革的痛点。

二、人工成本

企业雇用劳动者除了要发工资，还要为其购买五险一金。此外，如果辞退劳动者，还需要支付补偿金。仅以五险一金为例，此项成本就高达工资的40%以上。例如，月薪10 000元，员工只能拿到7 454.30元，而企业要付出14 410元。

此外，劳动力短缺的问题逐渐显现出来。有个现象大家可以留意一下，就是40岁以上的中年女性慢慢成为快餐业服务员的主力了，以前多为20岁左右的年轻人。人口红利在慢慢消失，这种趋势会让就业更趋理性，让人的价值得到更多释放，这也让企业的用工成本整体提高了。

三、地租和房租成本

土地和房租越来越贵，一方面企业的地租、房租上涨，直接加大了成本压力；另一方面，员工的生活成本不断地提升，间接拉升了人工成本。资本需要逐水草而居，企业需不断寻求最适宜的发展地。

因为土地与房租越来越贵，所以很多劳动力密集型企业将工厂搬回了人力资源丰富、成本较低的二三线城市，只将研发和销售部门留在一线城市。

四、物流成本

一段时间以来，“企业物流成本高”是个被热议的话题。企业的采购有物流成本，产品出厂有物流成本，产品销售有物流成本。物流成本甚至能够决定企业的“生死”，看看一些农产品滞销就知此言非虚。无论是铁路运输，还是公路运输，企业都觉得物流成本是沉重的负担。

第五节　制造业如何降低生产成本

制造业降低生产成本的难度是很大的，大家分析一下生产成本的构成就知道了。在会计核算上，生产成本由三部分构成：直接材料、直接人工、制造费用。企业控制生产成本需要将着眼点前移到设计环节，让产品的设计方案做到“生产最经济”。

一、生产成本的构成

1. 直接材料

影响材料成本的因素包括“量”和“价”。如果用“量”确定，节约就没有空间。“价”取决于议价能力，议价能力取决于采购规模，如果规模上不去，采购价格就没有谈判优势；若硬要降价，就只能以次充好或者超量采购，前者会损害企业信誉，后者会增加仓储成本与资金成本。

2. 直接人工

从小处看，人工成本是刚性的，现在劳动法律法规加大了对职工的权益保护，这也会间接加大企业的人工成本。从宏观层面看，人口红利正在逐步消失，招工难的现象越来越常见。

3. 制造费用

制造费用主要由厂房与机器设备的折旧费构成。这部分费用的总额往往是一定的，能降低的主要是制造费用中的变动费用，但变动费用的占比极为有限。

二、降成本的方法

如果企业通过加强管理降低了生产成本，那么最可能的原因是企业以往的管理很乱，现在通过加强管理避免了材料浪费，裁汰了冗员，提升了效率。

摒除企业自身管理不当的因素，生产制造型企业降成本可以采用以下几种方法：

（1）产品标准化，零配件标准化，尽量减少开模次数；

（2）引进先进的生产技术，机器的效率高于人工，别做血汗工厂；

（3）规模化作业，在生产量不饱和的情况下，平均每单位产品分摊的人工成本与制造费用会升高，只有规模上去了，单位成本才能降下来；

（4）产品设计要科学，既要抓住客户，又要省却冗余，这道关卡决定了70%的生产成本。

第六节　降成本费用应提防的负面效应

企业降成本费用要把握三项原则：（1）先开源后节流，不能因为降成本而影响业务拓展，降成本要先着眼于不产出的方向；（2）只控制不压制，制定标准、限额以及预算，规范审批，把费用的大数框住，而不要斤斤计较单笔报销的金额；（3）前端优于后端，对事项进行控制要好于对发票进行控制，先管住事。

企业经营亏损时，可以从两个方面实现突破。一方面是开源，另一方面是节流。开源指拓展新业务，节流指降低成本费用，减少支出。有个现象非常值得思考，当企业迫切要降成本费用时，很可能这家企业在走下坡路，已经入不敷出了。

想想也是，企业发展顺风顺水时，谁会去算计多花的那点钱呢？但问题在于，等到企业面临经营困境时再提降成本费用，未必可取，也未必有效。面对危机，开源永远是第一位的；节流虽说可行，但它是一把双刃剑，搞不好会对企业造成二次伤害。企业降成本费用要谨慎，执行不能急。

一、降成本费用的负面效应

为什么把盲目降成本费用看得这么消极呢，主要有三个原因。

1. 打击士气

一旦传达降成本费用的旨意，等于告诉全员，企业经营出现困难了。如果企业上上下下沉浸在这种气氛中，那么会对员工士气打击很大，导致人心惶惶，流失人才。

2. 降成本费用空间有限

对于经营不善的企业来说，绝大部分成本费用是因为以前的错误决策形成的，是不可逆的。例如，以前投资的生产线，其折旧费用每期都会产生；以前招聘的多余岗位的员工，这些员工的工资必须持续发放。一般来说，可降的成本费用只是一些日常性费用；另外，企业可以把一些不紧急的费用预算砍下来，如办公室装修，但这样的事项不会多。

3. 大幅降成本费用副作用大

有效降成本费用的手段有两个。

（1）削减产能。有些生产线是亏损的，可直接关掉不干。

（2）裁员。既然生产线要关掉，那么对应的生产人员、管理人员也要裁减。这样做固然有立竿见影之效，但这是壮士断腕之举，有用却决绝。断了要想续上，就难了。

企业不到生死关头，对大幅降低成本费用要慎之又慎。“生死关头”是指在不降成本费用的情况下企业经营不下去，降成本费用，企业经营状况不见得能好转，但能多运营一段时间。倘若指望多出这段窗口期会有转机，姑且当作无奈和心酸的选择吧！

二、降成本费用的积极作用

讲完了盲目降低成本费用的负面效应，下面再讲讲我们应该怎么看待降低成本费用的积极作用。现在不少企业都提“全员全流程降低成本费用”，我们不能一味地将之看作无意义的。对于降成本费用的积极作用，我觉得可以从以下几方面进行理解。

（1）这个口号可以提，但是不要等到企业经营不下去的时候再提。因为到那时就晚了，企业应该在平时的经营过程中宣贯，目的是杜绝日常的浪费和无效支出。

（2）降成本费用应控制而非限制。企业应把业绩指标传导给每个员工，让员工知道自己是企业的一分子，自己的所作所为会影响企业的经营业绩。

（3）降成本费用不能影响企业的经营。不要因为降成本费用影响到市场和业务，不要以损害长远利益来降低眼前的成本费用，否则就会变成竭泽而渔。

第七节　日常费用的控制办法

费用控制的方式：预算控制，这是量入为出方式的细化，主要适用于日常可控费用；标准控制，适用于全员发生且有多样性选择的费用；总额控制，适用于项目类费用、薪酬等；比率控制，适用于销售类费用；人均额度控制，适用于通信费、福利费等；事先报备控制，适用于招待费。一个企业费用名目繁多，不能用一种控制方式管到底。

费用控制体现的是节流的思维。日常费用发生频繁，单笔金额一般不大。基于成本效益原则，对其控制不宜过细。应依据日常费用的特点，对各类日常费用区别对待，通过制度流程将日常费用控制规范化。

下文介绍的是日常费用控制常见的方法。

一、预算控制

预算控制保证了费用支出的可预见性，这是一种常见的费用控制方式。财务只需审核费用支出是否在预算范围内，以预算为依据决定是否同意报销。预算控制适用于大多数可控的常见费用科目，如办公费、培训费、广告费等。另外，预算控制也可与下面的其他控制方法结合使用。

二、标准控制

标准控制又可称为参照系控制，它对应某个参照系控制费用的支出，比如以员工级别为参照系。就像很多单位出差时的交通工具选择，高管选乘飞机公务舱，中层干部选乘飞机经济舱，一般员工选择火车硬卧；住宿标准为高管五星级，中层干部四星级，一般员工三星级。标准控制适用于全员发生且有多样性选择的费用。

三、总额控制

总额控制实际就是管总不管细，只需控制费用的总量，而不关注费用日常如何支出。这样做的目的是不过多干涉责任单位的自主权，对费用使用的效率可通过绩效考核的方式实现。总额控制适用于研发费用、项目费用、薪酬等。

四、比率控制

比率控制一般是先把费用与收入进行对比，然后确定费用区间。对于费用支出与收入有线性关系的，可以考虑比率控制。主要适用于销售类费用，比如销售提成、市场推广费等。华为公司的研发费用也采用比率控制。“华为基本法”中就规定，华为每年的研发支出不低于收入的10%。比率控制体现的是有产出时多花，无产出时少花的原则。

五、人均额度控制

人均额度控制的费用往往带有半薪酬性质，按照人头制定标准进行控制，如通信补贴、交通补贴和福利费等。

六、事先报备控制

事先报备意指费用发生前要先报批，等于对费用发生事先设防。需要重点管控的费用以及带有享乐性质的费用适用于事先报备控制。

第八节　什么情况下能打价格战

什么情况下能打价格战：（1）去库存，盘活资金；（2）拖垮对手，牺牲当下利益，换取未来垄断地位；（3）“跑马圈地”，拼下客户后，未来能形成二次销售。舍此几点，打价格战都是损人不利己的不理性行为。在完全竞争市场，很少存在凭借价格战形成垄断地位的企业，也鲜有靠价格战成就辉煌的企业。

商场如战场，商场上的竞争同样是“你死我活”的。竞争的手段有很多，其中最具争议的就是打价格战。企业打价格战的初衷是什么呢？大都是希望以更低的价格吸引更多的客户，占领更多的市场份额。在市场格局均衡的情况下，企业为寻求突破，会萌生打价格战的冲动。

一、价格战的争议

企业之间打价格战历来争议很多，争议的焦点在两方面。

第一，打价格战是以损害企业利润率为前提的，是以牺牲单位产品的利润去换取市场份额。很多企业想薄利多销，销售毛利率虽然降低了，但利润总额有可能维持甚至做大。看看下面的第二点，就知道这种想法大多是一厢情愿了。

第二，打价格战很容易引起竞争对手的模仿。如果竞争对手同样也以价格战来还击，那么会让以利润换市场的构想落空。牺牲利润抢占市场不仅不能得逞，还会有一个恶果：双方的利润都会被拉低。对整个行业而言，价格战可能是灾难。

产品的竞争除了价格优势，还有其他方面的考量。产品有优势应该体现在产品的差异化，尽量让产品的附加值高一些。所以，企业一般都不愿意主动挑起价格战。

二、能够打价格战的三种情况

价格战真的就是洪水猛兽吗？也不尽然。我个人认为在下面三种情况下，价格战还是值得一试的。

1. 去库存

企业如果生产过剩、库存积压，那么为了盘活资金，及时清理库存是必要的。企业资金压力大、筹资成本高，或产品面临更新换代，降价促销甚至亏本销售都不失为明智之举。市场中，一些企业挑起的价格战就有去库存的考虑。

2. 拖垮对手

如果打价格战能把竞争对手拖垮，又不会导致新的竞争对手进入，那么打价格战不仅可为，甚至可以上升到战略高度。

3.“跑马圈地”

如果打价格战可收获更多的客户，这些客户在未来能持续消费，这种情况下打价格战是有益长远的。电信运营商搞的充话费送手机活动就是此类情形。

是不是值得打价格战，要看价格战对企业的长远发展是否有利。如果对企业的长远发展有利，可以一试；如果只是想基于短期利益操纵市场，结果很可能是损人不利己。

第九节　开票与收款的先后顺序

正常情况下，发票会在收款后再开具。财务部一般会告诉销售人员，要先把销售款收回来，财务才能开发票。但当销售人员向客户收款时，对方财务部可能要求先开发票后付款。这样一来，双方就形成了对立，这就好比博弈，结果谁赢谁输取决于谁在业务合作中更强势。

开票与收款孰先孰后，公说公有理，婆说婆有理，这种是非不分肯定有悖商业伦理。从公平与法理的角度看，究竟应该先收款还是先开票，请看下面的分析。

一、销售方：先开发票面临税收风险

站在销售方的角度，如果先给购买方开票，而款项又没有收回来，后果是什么呢？税务以票控税，开票了就得先把增值税交上去。这样一来，销售方货款还没有收到，反倒要先向税务交一笔税，无异于销售方替购买方垫付了税款。如果购买方赖账不还，销售方不仅款项收不回来，还要倒贴一笔税款。所以，从税负角度看，先收款后开票更合理。

二、购买方：付款后拿不到发票的概率很小

站在购买方的角度，当销售方把货物移交给购买方后，购买方先把款付给销售方，最后销售方拒开发票的可能性不大。除非购买方付款后发现货物有问题，与销售方产生争议，并提出退货。

三、法理：发票被视为付款凭证

站在法理的角度，发票在特定情形下可视为收款凭据，理应收到款后再开具。某法院的一个判例很有代表性：

销售方与购买方因货款问题对簿公堂，销售方说购买方一直未付款，购买方说已经付款了，并且提供了销售方开具的发票作为证明。最后法院判决购买方获胜。依据是什么呢？因为销售方没有证据表明自己未收到款项，所以以发票为准，发票被视为购买方已付款的凭证。

因此，会计人员要注意，开发票不可随性，要避免债务纠纷。如果客户还没有付款，强烈要求先开票，该怎么办呢？对于这种比较强势的客户，若销售方不得不让步，这时需要会计人员在开票问题上做好预案，防范风险。

较为有效的办法是在签订合同时约定清楚“先开票，后付款”。如果在合同中没有这样约定，在把发票提供给客户时，应让客户开具一张收条，证明收到了发票，但款项尚未支付；或者在发票的背面备注款项尚未支付。

这样做了，一旦产生法律纠纷，可有效规避上述案例中对销售方不利的判决。

整体而言，对于开票与收款的博弈，企业应尽可能朝着对自己有利的方向争取。在签订合同时要约定清楚收款与开票的先后，避免未来出现不必要的纠纷，防止发票先开出去了，企业要承受坏账与多交税的双重损失。

第十节　小金库不“小”

小金库是企业财务管理的毒瘤，它的本质是企业的账外资产。企业性质不同，设立小金库的目的也不同。民营企业设立小金库的目的是套现与逃税，国有企业设立小金库是为了逃避监控，化公为私。

小金库的存在一方面逃避了税收，另一方面侵占了企业的资产，甚至还可能为违法行为提供资金池。小金库是私人不受控的钱袋子，本来是丑陋的事情，却总能得到“理解与支持”。因为小金库的使用具有欺骗性，会打出为大家谋福利以及为企业降低税费的旗帜。

小金库的钱是从哪里来的呢？来源有以下几方面：

（1）客户不要发票时收到的现金销售款不入账；

（2）企业将款项转入第三方公司，取得发票后作为费用处理，然后从第三方公司讨回截留税费后的金额；

（3）虚构临时工、专家报酬，套取资金；

（4）出租企业闲置的资产，收到现金后不入账；

（5）处置企业废旧品的收入不入账；

（6）罚没收入不入账；

（7）回扣。

小金库虽冠以“小”字，容量却大得惊人。“小金库”的显著特征是化大公为小公、化小公为私分，导致一些公款沦为“私房钱”。小金库如同顽疾，年年难治年年治。除去领导利用小金库贪污的情形，小金库能顽固存在，还有税制方面的原因。小金库如果没被私用，大体有两个用途：第一，业务公关，普遍存在却又遮遮掩掩；第二，员工发福利，倘若不走小金库，就涉及个税。只要以票控税的格局不打破，个税起征点不提高，小金库就有存在欲念。

小金库被内部举报并不常见。一方面，小金库化大公为小公，多数情况下内部人都是受益者，所以没有举报动机；另一方面，小金库属于机密事宜，知之甚详者不多，知情人集中于会计人员、经办人、决策人这个小圈子，企业领导会根据自己的信任程度交办相关事宜。因为小金库不入账，所以审计很难发现。

根治小金库，既要解决体制层面的问题，也要防范个人私心作怪。小金库的责任追究并不容易。在追究小金库责任时，被处罚者有时会获得“同情与理解”。这也说明，治理小金库绝非容易之举。

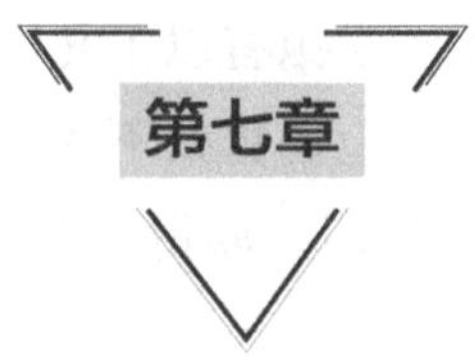

预算、财务分析与绩效考核

第一节　计划、预算、预测的区别与联系

计划、预算、预测，三者的区别和联系是什么？计划一般针对事项与活动而言，多用描述性语言，说明是否做、何时做。预算则是计划的量化与细化，是数字化了的计划。一般先有经营计划，后有财务预算。预测是经济活动进行一段时间后，对结果的预估。

计划、预算、预测，这三个词会计人员并不陌生。很多人在做财务预算时都绕不开这三个词。乍一听，意思差不多，都是对尚未发生的行为进行规划与估量。从这个角度看，这三个词意思相似，甚至有些时候可以通用。

站在财务工作的角度，三者的区别是什么呢？

一、计划与预算的区别

企业运营先有战略，再有目标，然后才会有服务于目标的计划。计划一般是针对经济事项与活动而言的，多用描述性语言，说明是否做、何时做，一般没有金额的表述，如“明年计划开拓华东市场”。预算则是计划的量化与细化，是数字化了的计划，直白讲就是把计划货币化，如“拟投入人力成本 300 万元、宣传费用 1 000 万元开拓华东市场”。

企业在编制年度财务预算时，要先有经营计划，后有财务预算，意思是企业只有先确定了要做什么，才能匡算出做这些事情要花多少钱。

二、预算与预测有何不同

预算与预测的区别在于，做出的时间点是不一样的。预算往往在一项经济业务开展之前就要做出，它是零起点、全覆盖。预测则不同，它一般在经济事项已开展一段时间后再做出，是半路介入、后端覆盖。这么说来，预测也可看作是半截子的预算。

比较有说服力的是滚动预测，它是在有一段历史数据的基础上对未来做推演。滚动预测也叫滚动预算，这两个互通的名字也说明了预测与预算确有共同点，但我觉得叫滚动预测更准确。

三、预算与预测，考核以何为准

企业在制定年度预算后，如果年中根据实际情况重新做了预测，预测结果与预算结果有较大差别，那么请问，对预算单位负责人的绩效考核该以预算结果为依据，还是以预测结果为依据呢？

人们常说，计划赶不上变化，因此调整预算会是预算管理的常态。如果市场没有出现重大变化，组织机构未进行重大调整，绩效考核的依据应该是原预算目标。预测有什么用呢？主要用于过程控制，后续预算执行应以预测结果为主。用一句话概括：考核用预算，执行用预测。

总结为：计划相对于预算、预测而言是粗线条的，不量化、不涉及金额；计划是龙头，先有预算，然后才有预测。

四、预测的准确性是衡量财务分析质量的标尺

企业推动财务分析建议分三步走：

（1）推全面财务分析，从财务的角度揭示企业存在的问题、潜在的风险，以期引起总经理与业务领导的重视；

（2）推经营分析，结合业务实际，找出财务数据背后的业务原因，提出解决之道；

（3）推专项分析，找出短板，深挖吃透、重点突破，立项推动解决问题。

优秀的财务分析一定是结合业务进行的，并且能够定位业务问题，帮助业务解决经营中存在的问题。先有分析，后有预测。例如，财务分析报告在结尾处往往要对全年经营指标结果进行预测。很多会计人员对做财务预测存有恐惧，他们认为预测就是瞎测，总觉得把预测做准很难。把预测做准为什么难？主要是会计人员闭门造车，缺乏做准预测的依据。

预测要做准确，预测负责人对企业财务现状必须充分了解，但光做到这些是不够的，还需要对企业的业务有充分的了解。预测工作可以作为联系财务与业务工作的桥梁。预测负责人在进行财务分析时，要先把数据背后的业务原因吃透，进而提出相应的改进措施，基于此预测才可能准确。从这一角度讲，预测是检验财务分析质量的标尺。

第二节　走出预算管理的盲区

根据企业发展阶段的不同，预算编制的侧重点应不同：（1）创业期，侧重资本预算，活下来是最关键的；（2）市场拓展期，侧重销售预算，全力抢占市场，加大对市场的资源配置；（3）平稳期，侧重成本预算，此时市场格局稳定，企业应追求精益管理，实现成本领先；（4）衰退期，侧重现金流量预算，此时需要收缩战线，回笼资金。

当年我应聘华为的财务预算岗位时，主考官就问了个“刁钻”的问题：预算会带来决策上的低效，为什么还要做预算呢？我回答时没有讲理论，只是打了个比方：“当我们来到一个陌生的城市，最好先买一张地图，这张地图不见得能快速地指引我们到达目的地，但至少大方向不会错。”

一、预算是否有用

预算有没有用，有什么用？历来说法不一，甚至还有不少财务人员觉得做预算没有用，究其原因，大概有两点：

第一，预算编制的基础不接地气，不可刚性执行；

第二，预算没有结合考核，超不超、准不准无关痛痒。

有了第一点，出现第二点是必然的。同样，有了第二点，会倒过来导致第一点。预算的本质是预算单位争夺资源的配置，配置得多，责任相应就大，没有考核怎么能约束多占多要呢？很多时候会计人员不能成功地驾驭预算，不能把预算作为工具让全员接受，预算自然是无用的。

二、预算的两面性

预算的确有它的两面性。一方面，计划赶不上变化，预算约束可能导致机会丧失或资源浪费；另一方面，量入为出，预算可避免企业因错误决策一条道走到黑。对企业负责人而言，他希望预算能起到什么作用呢？主要是三点：

第一，量入为出，合理配置资源，避免资金链断裂；

第二，降本增效，卡住成本费用的报销，杜绝铺张浪费；

第三，绩效考核，特别是针对利润中心而言，有了预算就有了参照物，可以制定 KPI（关键绩效指标）进行业绩考核。

预算要真正成为管理工具，很难一蹴而就，一方面受限于会计核算，另一方面受限于财务不懂业务。怎么才能让预算起到上述作用呢？

（1）企业“一把手”要重视与率先垂范，这是前提，没有这个前提，一切都是无用功；

（2）编制时应全员参与，而非闭门造车，数据要接地气；

（3）执行时财务部要有权威，对预算支出能刚性约束；

（4）市场出现重大变化时，要及时调整预算，避免预算与实际脱节；

（5）期末要进行考核，兑现奖惩。

三、量入为出的前提是什么

资源永远是稀缺的，如果企业同时投入资金做太多的事情，很可能每件事在做完前资金链就断裂了。巨人集团当年的失败就缘于此端，还有无数的房地产企业也在亦步亦趋地走向这条坎坷路。避免资金链断裂与量入为出一直是财务预算的基本要求，量入为出的预算理念深入人心。

资金紧张的企业与资金充裕的企业，谁更需要预算呢？很多人会说：“当然是资金紧张的企业，钱少才要规划好了再支出，不能乱花冤枉钱。”我的看法却恰恰相反，资金充裕的企业更应关注预算，因为钱多乱花的可能性更大。钱少时，一眼就能看出轻重缓急；钱多了，盲目扩张往往会迷住企业负责人的双眼。这时更需要预算限制当下，确保将来。

量入为出该如何执行呢？对于可基本确定的“入”与“出”，如费用中心，编制预算相对容易。量入为出难就难在利润中心：

（1）收入不可确定，支出不可预计，没有经验数据，预算只能凭主观臆断；

（2）收入与支出唇齿相依，互为依存，有了某项支出才会有相应的收入，这种情形等于颠覆了“量入为出”的逻辑。

华为公司对利润中心预算支出秉持的原则是，检查预算是否有利于潜力与效益的增长，不限定总额，但框定比率。例如，研发费、广告费的预算高了怕企业承担不起，低了又怕影响未来的市场格局。两难之下，没有谁能准确预估究竟应投入多少资金去做研发与广告。这两项预算的大体思路是“钱多就多花点，钱少就少花点”。但这样讲不严肃，也不好操作，这时不妨将之量化为“收入的 10% 做研发预算、5% 做广告预算”。

四、如何防止未花完的预算演变成突击花钱

大企业对预算一般都有刚性约束，对费用报销的审批往往前置在预算环节进行，预算内的费用报销一般只履行形式审批。这种管控模式给了一些部门和个人可乘之机，觉得富余的预算不花白不花，于是年末突击花钱的现象出现了。这种做法虽有私心作怪，但也有难言的苦衷。每年财务部做费用预算时往往会比照上一年，倘若今年的预算没能花掉，明年的预算可能会被削减。这样会导致一个结果，越省着花钱的预算单位会越拮据。

预算绝非花钱指标。如果预算不准确，或者预算事项改变了，自然会形成花不出去的预算。那么，年末“花不出去的预算”怎么处置才合适呢？过期作废，诚如上文所言，必然会导致预算单位突击花钱。如何谋求局部与整体双赢，有两个思路：

（1）将没用完的日常性费用预算用于激励，如市内交通费、业务招待费，并将剩余预算的 50% 奖励给例行节俭的部门和个人；

（2）将项目性费用预算递延至下一年度，由原预算单位继续使用，如部门活动费、员工培训费。

五、如何削减预算

做预算时，各部门难免都要抢资源，强调自己来年的支出不可或缺，这时财务该如何应对呢？无疑，抢资源就是抢权力、抢利益，财务并不适宜孤身出面干预。决定预算的优先级需仰仗总经理、董事会，由统筹全局者根据企业未来战略分配资源；决定做什么，不做什么；优先做什么，延后做什么。

在预算确立之初，如何削减预算，这是财务迟早会碰上的问题。首先，要判断每笔花销是否值当，有无增量产出。不能带来增量产出的预算支出，原则上都可以删减。道理虽如此，但多数时候并不容易直接确定。预算人员碰到此类问题先别慌，不要被预算单位的气势和声音压倒。不妨反过来看看不支出这笔钱，是否会造成企业效益减少。只要答案是否定的，削减预算就有底气了。

还有一种方式，增加预算批复的难度。例如，针对个人消费型资产支出，如轿车、笔记本、摄影机、照相机、镜头、投影仪等，有的集团公司在做年度预算时，明令下属单位不许筹划预算，此类资产的采购需一事一议，单独报总部审批。

六、削减预算的顺序

预算确立之后，因出现经营计划调整、市场变化或企业资金短缺等情况，也可能面临削减预算的问题。预算的削减可遵照以下优先顺序：

（1）削减不再继续执行的事项，如广告投放；

（2）削减无法带来经济利益的预算，如办公室装修；

（3）削减低效产出的预算，如产能；

（4）削减日常费用预算；

（5）削减人工成本预算。

七、计划、预算、核算的关系

计划是方向，预算是量化，核算是校验，三者互相促进，其关键点是做计划的人要懂业务。

1. 企业在编制财务预算之前，先要确定企业的年度经营计划

有了计划，就有了资源配置的依据，这是计划与预算相互依存的一面。落

实到工作中，我们不难发现二者的区别：计划有更大的随意性，人们常言的“计划赶不上变化”就是此理，而预算往往会和考核绑定在一起，一般是刚性的，不得随意变更。

2. 会计人员如参与编制财务预算，应先对会计核算精熟

编制预算的过程实际也是会计核算集中预演的过程。每一笔预算留痕必然会体现在会计科目上，做预算的过程虽不需要一笔笔编制会计分录，但需要财务人员心中存有分录，并能根据心中的分录生成预算报表。从这点看，能做财务预算的会计需具备足够的专业敏感性。

3. 预算能否发挥作用，校验在会计核算

企业的会计核算应做到：

（1）归属清晰，科目分类明确，预算科目能与会计核算科目相对应，以便未来执行预算考核；

（2）历史数据可方便提取，相关财务比率可以对标，历史数据可作为预算编制时的参照物；

（3）预算分期与会计分期统一，预算结果输出形式与会计报表形式统一；

（4）未来预算考核谁，该预算支出的审批权就应属于谁，责与权需要统一，资金支出审批也要与此相对应。

做到了上述四点，可以很方便地进行财务预算与会计核算的对比分析。但前提是会计核算要贴近业务、适应业务、真实反映业务。

此外，做预算时务必先做到内部组织架构清晰，因为只有做到组织结构清晰，账务处理才能准确归集成本费用，财务数据才有参考价值；组织结构清晰时，可实现预算的编制与会计核算要求相一致，方便进行预算的过程监控；清晰的组织结构可以厘清责任单元，明确资源该分配给谁，谁应对考核结果负责。

第三节　如何让财务分析成为管理工具

财务分析要想起到作用，推动业务改进是关键。不能帮助改进，财务分析就是形象工程；仅仅改进财务工作，财务分析便是自娱自乐。

财务分析需要大胆地走进业务、探究业务，找出数字背后的故事，把定位问题变成解决问题，把推脱责任变成分派任务。如此闭环往复作业，即可实现从财务分析到经营分析的蜕变。

财务分析的作用是什么？阅读报告的人不同，其作用不同。内部人（经营班子）看财务分析，是为了发现问题，进而设法改进企业管理，提高经营效率；上级单位（控股公司）看财务分析，是为了加强监督监管，防止舞弊；外部人（潜在投资者）看财务分析，是为了甄别企业真实的信息，对企业经营前景与财务状况进行预判。

从企业内部人角度看，财务分析是由财务人员输出的工作成果，是资深财务人员经常面对的工作。尴尬的是，有很多财务人员做完财务分析后，反倒心生疑窦：财务分析真有用吗？这么问的财务人员，基本可以断定其在做财务分析时是闭门造车，就数据说数据。这样的分析既没有切入业务，也不能解决问题，当然作用有限。如何让财务分析起到作用，让财务分析成为管理的工具，这是本节所要阐述的内容。

一、财务分析始终应结合业务

财务分析可分析自己，也可分析别人。风投做尽调时的财务分析是分析别人，如同警方断案，嫌疑人不会主动交代，警方需要根据其辩解不断抛出疑点，最终形成证据链。我们平时在企业做的财务分析属于分析自己，如同医生问诊，医生获得的信息很多，既需做出诊断报告，还应提出治疗方案。医生经验不同则功力不同，肤浅的财务分析类似做体检，不过是通过指标对比找出异常数据。层次略高的财务分析，可结合业务找到异常数据背后的原因，有点类似医生给病人下诊断书。严谨的财务分析不仅仅满足于找原因，更重要的是提出解决方案，如同医生开出的一剂良方。

财务分析该由谁来做？这还有疑问吗，当然是财务人员啊！如果你只想到这一层，做出来的财务分析报告仅仅是自说自话。财务分析应以财务数据做依托，分析背后的业务。没有业务人员参与，财务分析很容易流于就数字论数字。财务分析自然应由财务人员负责，但需要财务人员与业务人员通力合作，这样财务分析才有可能切入业务深处，成为管理的工具。

二、财务分析报告常见的问题

1. 立足点不清，把报告写成汇报

财务分析应该成为企业管理的工具。作为工具，财务分析应立足于财务数据，揭示企业存在的问题，分析问题产生的原因，并提出有针对性的解决方案。如果异位，把财务分析演变成下级对上级的汇报，分析报告将会变质，分析问题会变成寻找客观理由，解决问题会变成推诿责任。最终，管理工具沦落为表功道具。

2. 没能重点揭示根本性的问题

每个企业在经营中都会存在突出问题，或者说是根本问题，如同企业的病灶。这一病灶又会引来诸多的不良反应或其他疾病，但这些反应与疾病都是次要的。成功的财务分析需要透过财务数据，找出企业的根本问题。例如，企业销售收入下降，有研发设计的原因，有成本价格的原因，有质量的原因，还有广告宣传的原因等，但根本的原因可能是研发设计不够吸引人。如果不能把握这一点，那么所有的分析都将是肤浅的，甚至可能产生误导。

3. 问题与对应专项分析不能呼应

分析报告一旦揭示出企业的根本问题，就需要对此问题进行专项的、深入的分析。例如，企业资金链紧张，主要是应收账款过度膨胀造成的。揭示这一问题后，专项分析就应定位在如何限制新增应收账款、如何清收前期应收账款、如何制定赊销政策以及如何进行客户评级。这样娓娓道来，才能首尾呼应，让分析报告富有逻辑性。如果揭示出的问题与专项分析风马牛不相及，那么做出的财务分析必然会与业务实质两张皮。

4. 就数字论数字，没有挖掘业务层面的原因

我们在财务分析报告中经常能看到此类内容，“企业利率下降了 20%，主要因为收入下降了 10%，管理费用增加了 20%，销售费用增加了 15%”。这样的数据罗列，实际不能称之为分析，因为我们看不出收入缘何而下降，费用因何而增高。我建议这么写，“因华南市场推广受阻，× × 产品销量降低了 30%，

导致毛利减少 ×× 万元”“因写字楼租金上涨 ×× 万元，导致管理费用增加了20%；华南市场广告投入增加 ×× 万元，导致销售费用增加了 15%”。把数据背后的故事说出来，分析报告会更打动人。

5. 定性描述多，定量分析少

“因市场竞争加剧，企业收入出现大幅下降，利润也因之降低。”这是典型的定性式描述。如果财务分析做不到量化，只是宽泛地讲原因，那么分析结果的可信度要下降许多。大家都希望做到分析量化，言之有据，但很多时候数据确实不易取得。原因在于，有的没有积累，有的核算颗粒度太粗放，有的核算维度未涉及，有的组织架构发生了调整。除了这些原因，财务人员对市场、对业务理解不透彻也会导致财务分析无法量化。量化分析不仅是财务核算精准的体现，也是财务人员深入理解业务的体现。

6. 预测的准确性差

财务分析报告在结尾处往往要对全年的经营指标结果进行预测。预测准确与否，从某种程度上讲也是检验财务分析效果的标尺。谈及华为的财务预测工作，任正非曾表示，预测是管理的灵魂。财务对业务的支持从事后走向事前，预测是可以为之的举措。准确的预测有助于企业做出正确的决策，可以优化企业的资源配置。

7. 任务令表述不清晰，改进措施空泛

企业分析清楚出现问题的原因后，就要提出解决思路了。如果能在分析报告中将解决问题的思想落地，等于把财务分析推向了经营分析的高度。既然是期望解决问题，责任就要落实到人，要有明确的解决措施以及完成任务的时间节点。空洞的任务令诸如，“措施：加强市场推广；责任人：销售部全体人员”。可执行的任务令应做到措施就是行动方案，如“在当地电视台投放 ×× 分钟的广告，每月选择一个万人社区进行一次路演推广”，责任人可以追责、可以负责，时间节点是考核的依据。

8. 前后期任务令无闭环

财务分析应该是持续进行的，按月度或季度完成。这就要求前后月度或季度的分析报告应相互呼应，特别是上一期的任务令在本期要有验收，是否都完成了，为何有的没有完成，未完成的本期是否继续推动，这些都应该在报告中体现。如果报告中对此不做要求，责任落实可能就是一句空话。如果财务分析不能改进工作，不能成为管理的工具，分析报告将成为会计人自说自话，从而丧失应有的价值。

第四节　从财务分析到经营分析

财务分析是否有用，要从两个层面看：（1）能否揭示出经营中存在的问题，这需要财务人员有足够的数据敏感性，可从业务角度找到数据异常的原因；（2）能否推动解决业务问题，这等于把财务分析当成了管理工具。揭示问题的能力取决于财务人员的专业能力及其与业务的融合度，解决问题则需要企业管理者的认同与参与。

谈起财务分析，被问得最多的有三类问题。（1）怎么做？新人喜欢这么问，他们潜意识里觉得财务分析很高深，但没做过，因此有学习的冲动。（2）分析什么？职场刚晋级的会计人员喜欢这么问，他们觉得可分析的点太多了，又觉得面面俱到不是领导想要的。（3）有用吗？财务经理喜欢这么问，费尽心思的成果没被认可，令他们很受伤。

一、如何做数据分析

企业做财务分析少不了数据比较，比较前应把两组数据的口径调整一致。这是我们常说的数据要有可比性。财务分析如同检查身体，体检报告每项指标都有参考值，会标出体检结果与参考值相比是高还是低。财务分析与之相似，要先准备好拟分析指标的参考值，参考值可能是预算目标，可能是历史数据，也可能是行业平均数据，要确定偏差多大属异常。这只是起步，接下来要判断产生偏查的原因，如“白细胞偏高是因为身体有炎症”。

财务分析最基础的作为是对数据的异动给出可能的解释。例如，企业收入大幅降低，毛利率大幅提升了，仅从数据层面分析，理由可能有哪些呢？理由如下：

第一，商品售价提高，但提价导致需求减少了；

第二，企业将主要精力用于高毛利产品的营销，导致低毛利产品销售额下降；

第三，企业进行了产业升级；

第四，企业剥离了不盈利的产业。

二、如何设计财务分析报告的框架

财务分析可分解为两个动作：一是数据分析，二是业务分析。数据分析是指会计人员看到财务数据异常后有足够的敏感性，能快速闪现异动可能的驱动及可能的后果。业务分析是指结合业务定位原因，找到问题的症结。第一个动作要想做标准，会计知识必须扎实；第二个动作要想不变形，则需把自己融入业务之中。

财务分析报告的框架如何设计呢？我建议，首先写出 KPI 的完成情况；其次找出 KPI 的短板，围绕不足逐项深入，挖到背后的业务原因并提出改进建议。这样的分析报告更容易得到领导的认可。如果改进建议能落实到责任人，框出时间节点，那么分析报告就更可信了，相当于变成了实施纲领。

三、会计报表不靠谱时如何做财务分析

财务分析是以会计核算和报表资料及其他相关资料为依据，采用一系列专门的分析技术和方法，对企业等经济组织过去和现在的有关筹资活动、投资活动、经营活动以及分配活动的盈利能力、营运能力、偿债能力和增长能力状况等进行分析与评价的经济管理活动。

通过上述财务分析的定义，我们可以确认一点，财务分析要依托会计核算和会计报表。特意说到这一点，是因为经常有粉丝问我：“会计核算不规范、财务两套账时财务分析怎么做？”

抛开会计报表能做财务分析吗？当然不能，因为分析偏离了会计报表就不能称之为财务分析了。能将就着不靠谱的会计报表做财务分析吗？也不能。会计报表不靠谱，财务分析结论就不易量化，只能泛泛地讲道理，分析的结论不

可能准确，据此做出的财务分析只能是“样子货”。

正确的做法是先对不靠谱的会计报表进行修正，将其还原为企业经营分析的真实面貌，再针对修正后的会计报表进行数据分析。步骤如下：

第一步，两账合一，将没有入账的收入、支出登记入账；

第二步，将挂账的费用入账；

第三步，把应交未交的税计提出来。

做到这些还不够，财务分析较常用的方法是比较分析法，即通过财务数据比较发现问题。财务数据比较要先确定参照系。参照系可以是预算数，可以是上年数，也可以是行业平均数。

两组拟作比较的数据应做到真实、公允、口径一致。比较前应把实际数据与参照数据的口径调整一致。这是我们常说的“数据要有可比性”。怎么调整，我建议从以下几方面着手：

第一，会计核算应遵从统一的制度与准则，特别是收入的确认、资本化与费用化的确认；

第二，剔除不可控的因素与例外事项，还原经营性事项的本质；

第三，数据的维度切分应清晰，每个维度的数据都是该维度所能担责的；

第四，挤出人为操纵的水分。

只有把待比较的数据弄“清爽”了，比较得出的结论才会有价值。

财务数据的维度是什么？维度原本是数学术语，代表独立参数的数目。若把财务数据视作整体，维度则是对整体进行分割的依据。例如，收入的划分，有子公司维度、地区部维度、产品线维度、客户群维度。可见维度并不是独立的指标，而是财务数据颗粒度的细化。同一数据维度越多，核算成本越高，归集的难度越大。

总之，财务分析要依托会计报表，要基于真实的财务数据。

第五节　会计人对数据的敏感源于对业务的理解

数字本身是枯燥的，硬背下来记忆不会持久。面对数字，大多数会计人与常人无异，并没有足够的敏感性。会计人对数字敏感更多是基于对业务的理解。会计人能记住一长串的财务数据，不是记性有多好，而是清楚数字背后的业务原因，能进行联想记忆。

有位读者在“分答”平台问我，对数字敏感对会计工作帮助大吗？

这个问题太有代表性了，我思索再三后回答：“有些人天生就善于记忆车牌号、电话号码，这或许是种天分，但对做好会计工作而言，对数据敏感这样的天分不是太大的加分项。天分要逊色于热爱，喜欢会计工作，愿意为之付出的会计人更容易做好会计工作。敏感基于用心，投入了，付出了，会计人对数据的敏感自然会在工作中逐步锻炼出来。”

单单记住数字是困难的，但记住数字背后的业务因果则相对容易。

从这个角度看，会计人对数字敏感实际是源于对业务事项的敏感。对业务敏感需要会计人跳出财务看业务，将视角前移。这是做好会计工作的关键，也是对会计人上进的要求。

会计人怎样才算是对数据敏感呢？我认为，数据最好能张口就来。可数据那么多，谁能全记得住呢？对数据敏感并非要面面俱到，建议重点关注以下几组数据：

（1）KPI 考核数据（至少包括收入、利润），这些数据是企业经营的成绩单，始终要做到心中有数；

（2）企业的资金数额，资金如同企业的血液，时刻要盯住；

（3）存货、往来款的增减变动，这是企业日常管理的重点；

（4）期间费用的增减变动，问题的苗头就在此中露出端倪；

（5）每月的纳税额，风险把控与税收筹划要适度；

（6）总经理重点关注的数据。

如果数据在会计人的记忆中是鲜活的，那是因为会计人赋予了数据经济内涵。死记硬背是记不牢财务数据的，会计人唯有融入业务，才能让财务数据成为故事印刻在脑海中。对数据敏感不必有天分，但必须用心。这不仅能体现会计人的职业素养，也能反映出会计人价值的高低。

第六节 KPI 考核的步骤与思路

KPI 考核一直是一个敏感、深刻的话题。在管理学中，从弗雷德里克·泰勒（Frederick Taylor）的标准化科学管理到彼得·德鲁克（Peter Drucker）的现代组织管理都认为，绝大部分人在没有 KPI 指标时都难以在工作中保持自主性和积极性。

KPI 作为一种管理工具，应根据企业管理特点，科学地进行设计、考核，这对优化资源配置、实现企业战略目标有重要的现实意义。一个完整的 KPI 考核思路，应该包含以下步骤：（1）KPI 的选取；（2）KPI 的权重设置；（3）KPI 的数额确定；（4）KPI 的进度管理；（5）KPI 考核的评分依据；（6）KPI 考核的奖惩办法。

一、KPI 的选取

在设定 KPI 时，一般根据平衡记分卡的四个维度（学习与成长、流程与变革、客户、财务）去选择，分别选出有代表性的指标来作为 KPI。在学习与成长维度，关注人均效益的提升、团队能力建设；在流程与变革维度，关注市场机会与盈利能力的提升、交付能力的提升、风险管理；在客户维度，关注客户满意度和与战略伙伴关系；在财务维度关注规模性的增长、盈利能力、健康的现金流（“财务金三角”）。

1. 财务 KPI 的选取方向——“财务金三角”

华为公司财务 KPI 是从增长性、盈利性、流动性这三个方向去选取的。体现增长性主要是收入、合同额；体现盈利性是净利润、销售毛利率、成本费用率；体现流动性指标是净现金流量、应收账款的占用、DSO（应收账款周转天数）、ITO（存货周转天数）。“财务金三角”体现的是公司的均衡发展，对其中的短木板，可通过 KPI 进行牵引，尽可能让公司经营增长性、盈利性、流动性俱佳，而不是厚此薄彼。

2. 绝对指标和相对指标的选取

KPI 分绝对指标和相对指标：绝对指标，如收入、回款、总利润；相对指标，如销售毛利率、销售费用率、DSO、ITO。这两类指标的差别在于：绝对指标考核的幅度比较窄，偏刚性；相对指标考核的幅度比较宽，它受多个指标共同影响，更具灵活性。

绝对指标和相对指标如何选取？对结果类的指标，如收入、回款、利润，适合采用绝对指标作为KPI。对于过程类的指标，成本费用、资产的流转，适合采用相对指标。

3. KPI的选取体现企业的管理侧重

KPI的选取不能一成不变，应根据董事会的战略意图做相应调整。例如，华为公司代表处KPI每年都会有变化。2005年，要求地区部向利润中心转变，KPI就增加了净利润指标；2006年，为了加强应收账款的管理，增加了DSO指标；2008年，为了加强存货的管理，增加了ITO指标。

二、KPI的权重设置

KPI的权重与KPI选取同等重要。企业需要根据其处于生命周期的不同阶段来设置指标的权重，以“财务金三角”为例，从增加性、盈利性、流动性这三个角度来看，KPI的权重可参考下面的建议。

（1）新成立的企业，比例5∶3∶2较合适。新公司主要任务是打开市场，争取更多市场份额。

（2）稳定发展的企业，比例4∶3∶3较合适。一方面要追求利润，另一方面也要关注现金流，但要把重点放在收入增长上。

（3）现金流紧张的企业，比例4∶2∶4较合适。扩大收入规模，未来有更多的资金流入；另外，加大对流动性的考核，让经营者更关注回款。

（4）亏损的企业或者微利企业，比例4∶4∶2较合适。这时重点应放在增长性和盈利性上。

三、KPI的数额确定

KPI选定后，需予以量化。进行KPI考核时，考核者是绩效评价的主体，被考核者是客体，客体对信息的占有比主体更充分。目标须经足够努力方能实现，“跳起来够得着”才是目标，但把目标定在“天花板”的位置是不易的。一方面由于信息不对称；另一方面在于目标博弈中双方谈判能力的高低。企业给被考核者定目标要客观，同时做到公平、公正，一方面需要目标制定者有开放的心态；另一方面需要考核者加强对被考核者的监控，力求减轻信息不对称。

四、KPI的进度管理

KPI下达后，无论是考核者还是被考核者都需要关注KPI完成的进度。华为借助经营分析工具紧盯KPI，每月都要对KPI的完成情况进行分析总结，找出其中的暗点。暗点一般是指没有完成目标的、进度落后的、和上年相比情况恶化的KPI指标。对暗点指标要重点阐述，提出措施建议，并落实到责任人，责令其在规定期限内整改。另外，要在下月做经营分析时进行回顾，标注出不确定的情况，对进度落后的项目重点把关。

五、KPI考核的评分依据

KPI考评自然要评分量化，评分有开放式和收敛式两种。完成目标给满分，超额部分不予考虑的评分方式是收敛式的，反之是开放式的。收敛式评分一般会确认一个基准线，基准线以下得0分，基准线以上按照完成比例得分。这两种方式各有千秋，华为在KPI考核评分时采用的是开放式的评分标准。

开放式的评分标准意味着不是得了满分考核就一定好。为什么华为会有这样一个评分理念呢？从这个KPI下达可以看出大致意图，如果一个公司正常可以完成100分水平，若刺激它，它的极限可能完成120分，但这个极限谁也摸不准，所以KPI理论上应该定在正常水平和极限水平之间。竞争性KPI考核示意如图7-1所示。

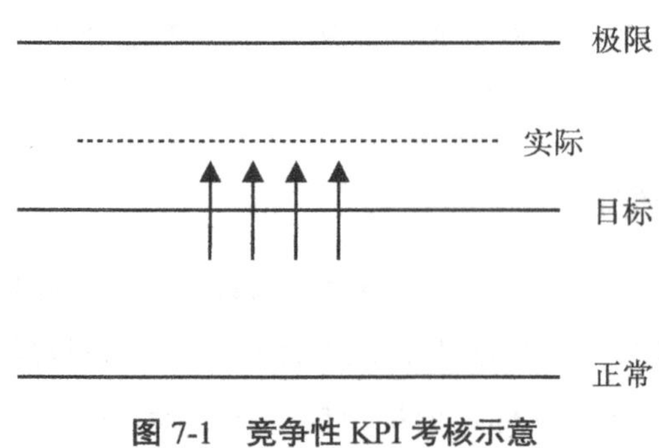

图7-1 竞争性KPI考核示意

KPI越靠近极限水平，完成目标的挑战性越大；KPI越靠近正常水平，完成目标压力越小。对于考核者来说，都希望被考核者发挥出最大潜力，所以在考核时，应该更看好那些超过目标更多的被考核者。得分靠后的被考核者即便完成了目标，也可能在考核中处于不利地位。开放式评分可以杜绝60分万岁的心理，规避完成目标后怠工。

六、KPI考核的奖惩办法

绩效考核之后需要兑现奖惩。奖惩的方式可以多种多样，如升职、加薪、授予荣誉等。一般企业对高管团队实行年薪制，年薪制的构成为基本薪酬加绩效薪酬，绩效薪酬在年薪中占比不宜低于40%。基本薪酬每个月平均发放，绩效薪酬到年底时根据考核结果一次性发放。董事会先定出总经理的年薪，然后再确定其他高管的年薪，其他高管的年薪多为总经理年薪的0.5 ~ 0.8。

绩效薪酬发放标准取决于KPI考核得分。企业一般会规定，KPI考核得分低于一定标准时不能获得绩效薪酬。例如，KPI考核得分在80以下，不能拿绩效薪酬；得分在80以上，可根据得分的比率享受绩效薪酬。比如KPI考核得分为90，0.9乘以绩效薪酬总额就是能拿到的绩效薪酬数。

第七节　预算调整了，KPI调整吗

一般而言，KPI确定后不得随意变更。在预算显示公允时，预算调整与KPI调整可以同步，也可以不同步。关键点在于，预算调整后是否对被考核者有利：如果有利，KPI可随之调整；如果不利，KPI不宜调整。

一、何时需要调整预算

预算为什么做不准？原因是多方面的，常见的原因有：

（1）对市场与业务的理解不透彻；

（2）主要经营指标是上级硬压的；

（3）为应对考核，有意打埋伏；

（4）推出了新产品或开拓了新市场；

（5）企业处于初创期，业务未定型；

（6）组织架构不断调整，缺乏历史数据参考；

（7）预算博弈一方比较弱势；

（8）市场出现重大变化。

预算不准是常态，但对预算结果要有考核，有人要为不准承担责任。

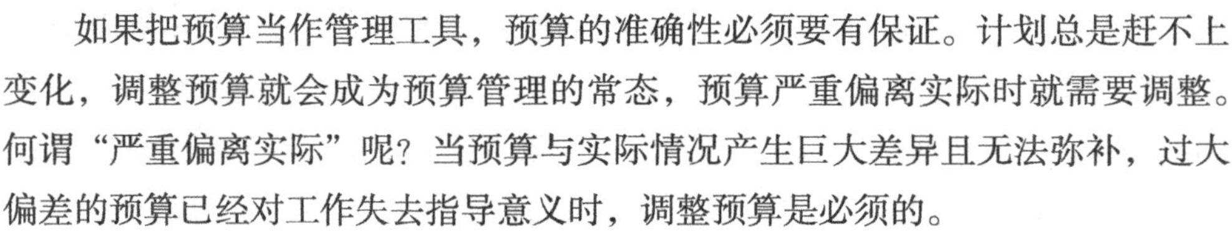

如果把预算当作管理工具，预算的准确性必须要有保证。计划总是赶不上变化，调整预算就会成为预算管理的常态，预算严重偏离实际时就需要调整。何谓“严重偏离实际”呢？当预算与实际情况产生巨大差异且无法弥补，过大偏差的预算已经对工作失去指导意义时，调整预算是必须的。

需要强调的是，调整预算是有前提的，不能把因执行者努力不够、经营不善造成预算执行不理想当作调整预算的理由，不能轻易调整一个执行不良的预算。

二、KPI 随预算调整吗

进行预算调整后，对预算单位负责人做绩效考核的 KPI 应该以调整前的预算为依据，还是以调整后的预算为依据呢？这是很多人都困惑的问题。

KPI 如同经营者立下的“军令状”，是非常严肃的。理论上 KPI 不应变更。如果市场没有出现重大变化，组织机构未进行重大调整，预算可以调整，但作为绩效考核依据的 KPI 不能调整。调整后的预算主要用于过程控制，后续预算执行以调整后的预算为主。但 KPI 应依旧使用调整前的预算。一言以蔽之，考核用调整前的，执行用调整后的。

也有特殊的情形不能因循此例。例如，KPI 偏差过大，会导致绩效考核显失公允，引起激励效果不足。这时该怎么办呢？请看下面的两个案例。

【例 7-1】甲公司销售部 2016 年确定的 KPI 为收入 2 000 万元，回款 2 340 万元。半年过去后，因为甲公司所处行业受到政策性限制，产品销售急剧萎缩。公司决定，将销售部预算调整为年收入 800 万元，回款 936 万元。

很显然，如果继续按照原来的KPI对销售部进行考核，已经毫无意义。无论销售部如何努力，都不可能完成KPI。这种情况下，按照调整后的预算对销售部进行KPI考核更可取。

【例7-2】乙公司旗下新成立了子公司，2016年确定的KPI为收入2 000万元，回款2 340万元。半年过去后，发现该子公司产品销售势头强劲，上半年就已经超额完成了全年的KPI。公司决定，将该子公司的预算调整为年收入5 000万元，回款5 850万元。

这种情况下如果按照调整后的预算重新确定KPI，会给被考核人一种“鞭打快牛”的感觉。如果让被考核人感觉这是上级在有意调整KPI施压，被考核人可能产生逆向选择的心理，故意不完成KPI，“留余粮、打埋伏”。因此，这种情形下依旧采用以前的KPI或许更易让人接受。

通过这两个案例的分析，不难发现，在预算显失公允时，预算调整与KPI调整可以同步，也可以不同步。关键点在于，预算调整后是否对被考核人有利：如果有利，KPI可随之调整；如果不利，KPI不宜调整。

第八节　分子公司KPI遴选与权重设置

KPI的制定和分解是很细腻的工作，好的思路有时受制于客观条件（如数据支持），不一定能落地。有些思路不易量化，操作后能否经得住检验也有诸多未知。KPI权重设置会体现领导特定时期对特定目标的偏好。

每到一年一度给分子公司制定KPI的时候，都要大费周折。“跳起来够得着”就是目标，但把目标下在“天花板”的位置是不易的。另外，KPI的建设是成体系的，各指标之间的权重设置也见仁见智。每年绩效考核结果公布之后，想起“结果导向”陷入误区的种种“往事”，KPI的设计者们都要反思，是标准设置出了问题，还是制定目标的方法不妥当呢？

一、目标沟通的问题

误区一：压低目标。各层级制定目标，基本思路是将自身承接的目标放大（如加成××%），按分子公司上年完成情况扩张性分派，特殊情况个别调整。每次目标博弈，总有一些分子公司找出种种理由把目标压低。

误区二：鞭打快牛。对上年绩效好的分子公司，目标层层加码。例如，某公司设定ITO为KPI指标，曾有业务同事反映，三季度ITO 76天，结果四季度的目标成了70天；为了避免下一年度目标更"苛刻"，他戏言只有四季度认倒霉，把ITO做到90天了。

误区三：打埋伏。定目标时如未能吃透分子公司的"家底"，目标与实际可能相差千里。例如，某分子公司一二季度签订的合同额就基本完成年度目标，据兄弟分子公司反映，该子公司上年末留的"余粮"较多，因而斩获了本年的"战果"。

误区四：同情"弱者"。某些分子公司上年考核较差，未见经营管理有显著改进，本年绩效却明显好转。虽未绝对但不可否认，上级领导会尽量不让同一分子公司连续完不成目标。

二、KPI指标选择的问题

误区五：衡量标准不科学。某些分子公司各产品商务水平都在区域前列，但整体销售毛利率却是后进水平。原因出在产品结构上，低毛利产品销售权重过大。对于这样的分子公司，我们是评价它盈利好还是差呢？

误区六：分子公司KPI与总经理PBC（个人业绩承诺）完全等同。如果团队绩效较差，有可能会埋没总经理在改进客户关系和经营管理上的努力。如推行精细化管理，费用下降明显，但因市场未打开，费用率考核时反倒较差。

三、KPI指标的改进

怎样改进KPI使之更科学、客观、公正呢？针对以上六个误区，本文将提出五点建议。"建议一"针对"误区一、二、三、四"，"建议二、三、四"针对"误区五"，"建议五"针对"误区六"。

建议一

衡量标准尽可能多元化，减少人为干预。产出指标（订货、收入等）兼顾格局、增长、人均。如果已有效（有盈利、有现金流）占领了绝对优势的市场，能保持住格局考评就应是满分，继续上升还要加分。格局一般时看增长，包括市场占有率的增长和绝对额的增长。市场萎缩了，分子公司绝对量虽下降，但格局提升，仍应给它一个好的评价。发展平稳的分子公司考察人均效率，格局没有改进，人员精简了，这也是进步。

建议二

盈利性指标也要看绝对额。有的分子公司看到收入完成得不错，为了不拖累利润率指标的考核，对低毛利产品的销售有抵触。“警惕分子公司要利润不要收入”，就是对这一现象的形象描述。对盈利、费用等简单用相对数（比率）评价是片面的，采用利润额考核，可能效果会更好。

建议三

回款指标比照发货规模。以往回款目标更多参照订货及上年应收账款存量，因回款目标与发货无关联，草率和粗糙的打开市场的方式大行其道，分子公司不当发货居高不下，ITO 控制难度大。“基于发货的弹性回款管理”模式就很值得学习。发货的时点、批量、进度需要精细化管理的思维做支撑，货发得越多，回款就要越多。

建议四

过程指标（DSO、ITO 等）相似区域一条线看齐。相邻分子公司 ITO、DSO 目标相差几十天，何以服人呢？华为在 ITO 考核上尝试使用了“统一基线法”，该方法全国一条线，以 80 天为基准，兼顾分子公司的努力——参照改进率打分，执行后分子公司反响热烈。实际上其他过程指标，如 DSO、超长期欠款率都可以尝试此思路。具体为：

当 ITO ≤ 80 天，得分＝ 5 ＋ 0.1 ×（80-ITO），6 分封顶；

当 ITO ＞ 80 天，得分＝取大［5 ＋ 0.1 ×（80-ITO），改进率 ×12.5］，5 分封顶；

改进率＝ $1-Q_4ITO/Q_3ITO$。

建议五

企业总经理PBC与团队KPI分开。此建议上文已经论述了不少，团队KPI是总经理PBC的构成部分，但不能等同。总经理在管理上的作为和对区域的贡献要体现在其个人考核中。

第九节　不均衡的KPI导致应收账款居高不下

许多企业在应收账款管理方面陷入了两难境地：抓，销售规模受限；不抓，坏账风险提高。一些企业尽管采用了诸多应收账款治理模式，但收效甚微。这是因为对这些企业而言，应收账款居高不下实质是因为企业经营者在不均衡的KPI牵引下的短期行为造成的。企业只有从根本上对绩效考核的科学性进行改进，才能真正打破应收账款居高不下的怪圈。

一、应收账款居高不下的表象

1. 无节制的市场扩张

【例7-3】A公司为追求在A股上市，需要有持续扩张的业绩支持其上市意图。于是，该公司出现了大规模的赊销举动，年度销售规模翻了一番。因回款不及时，导致公司资金链断裂，被一家上市公司收购。

这类案例常见于有明显功利色彩的企业，如企业追求上市、领导者谋求获得提拔等，此时，孤注一掷的市场扩张会比较常见。这种扩张对于企业而言就如釜底抽薪，后果往往都较惨烈。

2. 宽松的信用政策与合同条款

【例7-4】B公司是广东一家知名通信企业，其手机产品在2016年前后一度风靡全国。为了占据更大的市场份额，打击竞争对手，该公司给予了代理商更优裕的信用政策。代理商占用了公司大量资金，同时造成产品脱销的假象，最终导致公司形成数以十亿计的坏账。

在激烈的市场竞争中，为了抢占市场，除降价外，促销是一种直接有效的方式。这种方式不能简单地说不好，关键在于有度。如果因信用政策与合同条款放宽带来的增量利润能弥补可能形成的增量坏账损失，那么此方式是可行的。

3. 产品（服务）交付时有瑕疵

【例 7-5】C 公司是北京一家致力于汽车导航系统研制的企业，在产品尚未完全研制成功的情况下，急于生产并投放市场。因为产品质量不过关，引来无数投诉，客户拒绝支付服务费，该公司确认的应收账款成为呆坏账。

这种情况属于典型的“新官不理旧账”，正确的账务处理很简单，应冲减收入和应收账款，减少利润。

4. 提早确认合同收入

【例 7-6】D 公司是西安一家军工企业，公司主业为型号项目研制，项目周期较长，销售合同一般按研制节点回款。因为公司屡屡提早确认收入，致使确认的应收账款成为无源之水，遑论合同取消后已确认的应收账款。

这是一种典型的粉饰会计报表的手段。如果提早确认收入的比重不大，未来企业能维持正常的增长，企业运营不会有显著影响。一旦形成了“滚雪球”的效应，就要警惕了。

5. 编制虚假销售合同

【例 7-7】E 公司是深圳一家通信设备制造企业，分子公司部分销售人员出于完成个人销售业绩的需要，伪造销售合同以及电信运营商的验收证明。公司财务依此确认收入和应收账款，导致公司发货后闲置，造成极大损失。

这是一种非常恶劣的操控会计报表的手段，假合同不会给企业带来任何利益，但会直接增加税负成本（增值税或营业税、附加税、所得税等）。丑闻一旦曝光，销售人员须承担必要的责任，企业也将遭受极大的损失。

6. 对客户资信缺乏调查

【例 7-8】F 公司是天津一家小型家具企业，效益良好。为了扩大规模，该公司盲目地和大企业建立合作关系。在未对客户身份进行仔细甄别的情况下，贸然接下了一份5 000万元的家具采购订单。之后因采购方经营不善，致使F公司5 000万元应收账款损失过半。

一般新成立的企业或者管理不规范的企业会出现这种情况。

7. 清欠不得力

【例7–9】G公司是北京一家商贸公司，以代理销售电子产品为主。因公司员工待遇偏低，销售人员流动较为频繁，接任的销售人员对前期客户状况不清，未能及时催收账款，致使公司被拖欠的应收账款越积越多。

这是典型的内控不完善的企业出现的状况。

上述七个案例我们可归纳为几类：A公司与B公司性质相似，都是追求畸形的规模扩张造成的应收账款膨胀；C公司是因公司有意不纠正会计差错虚挂应收账款；D公司和E公司是典型的做假账制造“业绩”；F公司和G公司的内控制度不健全，管理混乱。

二、绩效考核与KPI的均衡性

应收账款居高不下令无数企业头疼，其治理让许多企业陷入两难：抓，销售规模受限；不抓，坏账风险提高。实行客户分类管理、差异化的销售政策以及制定销售人员激励措施等诸多管理手段在许多企业已经启用，但收效甚微。究其原因，是因为没有找准症结，应收账款居高不下并不简单取决于销售政策与内部控制。甚至可以这么说，能通过完善销售政策与健全内部控制解决的问题都是技术层面上的问题，不难破解；如果应收账款的非良性增长是游离于内控与管理之外造成的，那就需要做更深层次的分析了。

上文的七个案例在现实中并不鲜见，除G公司外，究其背后，隐隐的共性是企业为做大业绩（收入、利润），直接或间接、有意或无意铸就的。企业经营者为什么要这么做呢，因为无形的指挥棒使然，这根指挥棒就是KPI。

也就是说，应收账款居高不下之所以普遍，根本原因还在于对企业经营者的绩效考核不科学，下达的KPI不合理。KPI不合理体现在指标的选择或者指标的权重分布上。毋庸置疑，绩效考核对公司经营者的经营思路有强牵引作用。

对一个企业的经营绩效考核、KPI 的制定至少应追求三个方面的均衡，即增长性、盈利性、流动性的均衡，俗称“财务金三角”。KPI 体现的是“上有所好”“投其所好”，“下必甚焉”几乎会是必然。不均衡的 KPI 很可能导致企业经营者采取短期行为“修正”考核结果。上文的案例可以从侧面印证应收账款居高不下会美化收入和利润指标。

均衡的 KPI 模型要求对企业绩效考核时不能出现通过损害某一指标，从而改观另一指标，进而出现整体绩效偏优的情况，而这种“偏优”的绩效对企业的长远发展是不利的。如果出现了这种情况，KPI 模型就是非均衡的。

三、KPI 的均衡性对应收账款管理的影响

下文拟以 A 公司为例说明 KPI 模型的均衡性对应收账款管理的影响。

【例 7–10】A 公司是上市公司，它在给子公司下达年度 KPI 时对增长性、盈利性关注更多。从表 7-1 不难看出，该公司对子公司流动性的考核力度偏弱，KPI 构成存在短板。这类 KPI 构成模式极易导致经营者的短期行为，因为流动性指标制衡力度有限，应收账款虚高足以改善增长性、盈利性指标，从而整体改良考核结果。于是，两个结果不可逆转地出现了：第一，无利润支持的销售；第二，无现金流保证的利润。这一不均衡的 KPI 模式导致的后果最终反映到了会计报表上，例如，2011 年 6 月底，A 公司旗下子公司经营活动现金净流量全部为负数，两年以上的应收账款上亿元。

表 7-1　A 公司对下属子公司下达的 KPI

指标名称	KPI 权重			
	XAHX 公司	DFHXX 公司	DFHHT 公司	LZSM 公司
营业收入	20%	20%	20%	20%
一季度营业收入	3%	3%	3%	3%
二季度累计收入	3%	3%	3%	3%
三季度累计收入	4%	4%	4%	4%
利润总额	10%	10%	10%	10%
净利润	10%	10%	10%	10%
一季度净利润	3%	3%	3%	3%

（续表）

指标名称	KPI 权重			
	XAHX 公司	DFHXX 公司	DFHHT 公司	LZSM 公司
二季度累计净利润	3%	3%	3%	3%
三季度累计净利润	4%	4%	4%	4%
经营活动现金净流量	20%	15%	15%	15%
新签合同额	10%	10%	10%	10%
期末应收账款 / 营业收入	5%	5%	5%	10%
成本费用率	5%	10%	10%	5%
合计	100%	100%	100%	100%
流动性指标考核权重	25%	20%	20%	25%

均衡的 KPI 模型对应收账款管理的牵引作用有多大，不妨看看华为公司的表现。2006 年，华为在绩效考核时引入了 DSO 指标，国内市场部应收账款的周转天数下降 1/3。当然，应收账款下来了，仅仅归功于 DSO 指标难免有夸大之嫌。如果对华为给代表处下达的 KPI 的整体均衡性进行分析，我们将会有更深刻的认识。从 2005 年开始华为在对国内代表处进行绩效考核时，合同额、收入等增长性指标的权重逐年缩小，流动性指标的数量和权重逐年增加。2008 年 KPI 权重比为，增长性：盈利性：流动性＝ 3.5 ∶ 3 ∶ 3.5，第一次将流动性考核放到了第一高度。

恰恰是因为很多企业制定的 KPI 不均衡，过分地偏重收入、利润等目标，才导致人为操纵频频发生。在收入、利润、现金流三项中，如果不能均衡考核，通过“无效”销售实现的“白条”利润很容易在账面上维持规模增长与盈利性指标的美观。更有甚者，一些公司以跨界从事微利甚至无利的商贸活动来撑大收入规模，支撑门面。

回到本节例 7-3 到例 7-9，如果对七家公司的绩效考核能增加诸如销售回款率、DSO、经营活动净现金流量、超长期应收账款占比等考核指标，并将这些考核指标的权重拉升到一定的高度，是可以抑制经营者盲目扩张市场甚至做假账的动机，因为它所追逐的增长性和盈利性的增量考核成绩可能不足以弥补对流动性指标造成失分。

透过现象看本质，对一些企业而言，应收账款居高不下试图通过内控建设和管理创新改观很难奏效，因为它们的病灶是不均衡的 KPI 牵引造成的。唯有从根本上对绩效考核的科学性进行改进，才能真正打破应收账款居高不下的怪圈。

第十节　研发人员绩效考核的三个阶段

企业研发如何进行绩效考核，需根据研发所处的三个阶段分别考虑，分别赋予一定的权重考核。研发考核应以销售阶段为考核重点，根据研发成果的市场表现兑现研发人员的奖励。然而直接以销售阶段的增量收入与增量利润考核研发亦有不足，过于滞后，还需结合研发阶段与生产阶段进行。

华为财务总监孟晚舟曾说："华为从不追求当期利润最大化，保持对未来的持续投入。人们看见了我们在经营上的成功，没看见我们在冰山下的努力。2015 年，华为研发投入高达 596 亿元，占销售收入的 15%。过去 10 年，华为累计投入 2 400 亿元进行研发创新，17 万员工中研发人员占比高达 45%。未来几年，华为每年的研发经费将会超过 100 亿美元，其中 15% ~ 30% 投入基础技术研究和创新。用今天的钱，建明天的能力。"

企业的发展有两条路径：

（1）高质量、高价格、高研发，产品永远领跑市场；

（2）低价格、低质量、低投入，一点点做成血汗工厂或造假基地。

华为无疑属于前者。相比之下，无数企业迫于种种压力，或看重短期利益，走了第二条路。坚持第一条路一开始会很辛苦，需要定力与"傻劲"。

创新是高科技企业之魂。衡量高新技术企业发展后劲，可以看它每年的研发投入。华为能在完全竞争的通信市场笑傲群雄，与产品、技术过硬分不开，这些又与华为研发领先的战略分不开。华为保证每年投入研发的支出不低于销售收入的10%，持续十多年如是。

研发是面向未来的，研发的功效需在未来体现，那么，研发的绩效考核该如何进行呢？研发绩效考核聚焦在研发环节是目光短浅的，是就研发论研发。企业要科学衡量研发绩效，应先分解研发的过程。完整的研发分为三个阶段：研发阶段，把想法变为技术；生产阶段，把技术变为产品；销售阶段，把产品推向市场。

研发阶段主要在实验室进行，比较封闭，职责也很明确。很多企业对研发人员的激励主要体现在研发阶段，根据研发人员拟定的研发计划确定KPI考核。以完成立项目标作为考核依据，很容易陷入技术领先的误区。企业研发不同于科学研究，后者追求高尖端，前者追求满足客户的需求。企业研发不可唯技术论，基于此，评价研发成果是否成功应该把目光放长远，主要看成果是否可以转化为产品。

生产阶段相当于研发成果的转化。把实验室的成果演进为大规模生产，这是新的挑战。生产过程中产品质量问题能否过关，这是对研发绩效的第二层检验。生产过关后，产品能否给企业带来增值收益，这需要在销售阶段验证。

销售阶段才是对企业研发成效的终极检验。研发的新产品只有给企业带来增量的收入与利润才是有价值的。做到这一点，才能证明研发是成功的。

第十一节　销售人员业绩提成的发放办法

在分答上有读者问我，销售人员的业绩提成比例该如何测算，应遵循什么样的原则，怎么设定才能让老板和业务员都满意呢？这是个务实的问题，估计不少人也有此疑问。本节就给出几种方法。

在实操过程中，企业都能意识到提成要和回款挂钩，以回款确认提成；提成不能一次性发完，应分次发放。那么，怎样发放销售人员的业绩提成更合理呢？下面我就给出几点建议。

第一，责权利匹配原则，销售人员负责回款，以回款确认业绩提成。

尽量不要在签下合同或者实现收入后马上给销售人员发提成奖励。任正非曾表示，单纯地销售额增长是不顾一切的疯狂，不考核现金流将导致只有账面利润。没有现金流就如同没米下锅，几天等不到米运来可能会饿死。

销售只有实现了回款，才是成功的。销售人员最先发掘客户、最早接触客户，他们对客户有最直观的了解，因此他们应该是回款的第一责任人。让销售人员担负回款责任是保证销售质量，加速资金回笼的重要安排。这等于把销售人员的利益与企业的利益捆绑在了一起。

第二，销售人员的提成比例不能超过产品的毛利率，设定为毛利率的10%~20% 比较合适。

销售人员业绩提成应先明确一点，只有企业挣了钱，销售人员才能拿提成。提成不能超过销售人员给企业创造的利润。具体提成比例的高低需要考虑以下两方面的因素。

（1）销售人员的底薪设置。底薪高，提成比例就低；底薪低，提成比例就高。很多企业给销售人员的底薪低，鼓励多劳多得，这本没有什么问题，但要注意底薪过低的弊端，可能会增加销售人员的流失率。

（2）销售价格区间。如果在销售价格区间内，提成比例可以低一些；如果销售价格超过了上线价格，超过部分的提成比例可提高，甚至可以把超额利润的大头给销售人员。

第三，提成奖金不宜一次发放完毕。

不把销售提成一次发完，这是一种牵制手段。一方面，可以督促销售人员对后续的销售行为负责；另一方面，可以限制销售人员随意跳槽，把客户信息带到竞争对手那边。

建议销售提成按 5 ∶ 3 ∶ 2 的比例发放，回款实现后发放 50%，年末发放 30% 作为年终奖，下一年末发放剩余的 20% 作为年终奖。

第四，发生坏账的，要明确销售人员的担责比率，并在发放提成时扣减担责金额。

销售人员业绩的好坏，要看其创造的利润减去坏账里的成本后是正还是负。如果一笔坏账对应的成本吞噬了之前所有的利润，那么将抵销销售人员的业绩。销售人员承担坏账的成本责任也体现了责权利匹配的思想。

销售人员的业绩提成怎么发放？不仅是激励层面的问题，也隐含内控的原则与理念，最终目的是将企业的利润与销售人员的收入绑在一起，实现双赢。

第十二节 Excel 是预算的好工具

用不好 Excel 的会计人难成专业高手。不会用 IF 函数，个税计算就是难题，甚至连工资表都做得费劲；不会用 VLOOKUP 函数，多表格间的关联数据处理会让你苦不堪言；不会用数据透视表，财务大数据处理会让你叫苦连天。Excel 是做财务分析的帮手，是做预算的工具。不夸张地说，Excel 是会计人继算盘之后的又一标志性符号。

一、会计人遥远的记忆

说起算盘，一定会勾起许多人对会计古老的记忆。以前，会计被称为“账房先生”。算账，就必须要有计算工具，而算盘就是一种原始的计算工具。20 多年前，算盘仍旧是会计人员常用的计算工具。

在我上大学时，珠算是会计专业的必修课，两个学分，要求四级标准。同学们参加珠算考试时，指尖游动着，进行 11 位数的加减乘运算。几十把算盘，噼里啪啦，如拨弄管弦，奏出音律的韵味。

二、Excel 是算盘的替代

现在大学不再要求会计专业的学生考珠算了，单位财务部也很少有人使用算盘。会计计算依旧存在，没了算盘，改用计算器了。计算器的运算能力有限，计算速度甚至还不如算盘。大数据的计算与处理，会计人员使用得最多的是 Excel 表格。

Excel 表格如同算盘，只有用好这个工具，会计人员才能游刃有余地应对诸多会计实务性工作。否则，会给工作带来困难：

（1）不会用 if 函数，每月做工资表会很难计算个税。

（2）不会用 VLOOKUP 函数，多表页间的数据处理会让你头疼；而掌握了这个函数，很简单就能达到目的。

（3）不会用数据透视表，大数据的分析就会非常麻烦，多维度的数据归集与分析会是一个苦差事。

三、Excel 提升了工作效率

会计人员掌握了 Excel，能提升工作效率，让会计工作事半功倍。Excel 在许多管理会计中也会运用到。在做预算的时候，Excel 是输出的载体。不少大公司编制年度预算同样依赖 Excel。再有，我们做财务分析时，数据的比较也离不开 Excel。

记得我在华为工作时，华为的财经体系对财务人员的 Excel 水平是有要求的。财经体系安排的 Excel 技能培训也非常多。财务人员除了掌握 Excel 的基本操作方法外，还需熟练使用 Excel 函数。这些函数能让会计人员的工作技能充分施展。

四、如何提高 Excel 使用技能

如何才能提升自己的 Excel 使用技能呢？最关键是多用，熟能生巧。另外，要主动学习，看书、报名参加培训均可。或许 Excel 的许多功能与函数我们不能一一记住使用方法，但至少应该做到心中有数，知道 Excel 有哪些方面的功能。真到使用时，可通过网络搜索帮助自己一步步实现操作。

如果对 Excel 的功能知之甚少，也没有关系，记住一点就行，大数据里提取规律性的东西都能通过 Excel 实现。剩下的就是求助互联网了。

Excel 是工具，Excel 是方法。学习 Excel 不仅是学方法，还要学思维。Excel 是会计人员提升能力和水平的武器。用好 Excel 既是对会计人员的要求，也是会计人员自己的内需。

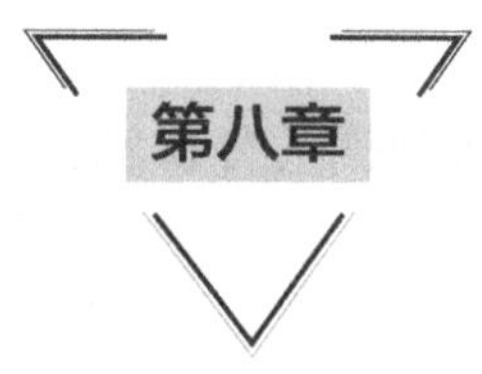

第八章 华为的财务管理

第一节 《华为基本法》里的财务辩证思维

华为要求经营干部成为半个财务专家。半个专家可不是半吊子专家，如何理解呢？一是掌握财务知识，不求精细，泛泛理解即可；二是侧重于理解财务管理方面的知识，无需纠结于具体会计处理；三是对会计知识懂得解码，无需会编码。这个要求听着就觉得有辩证的意思，如果打开华为曾经的纲领性文件《华为基本法》，我们会发现更多的财务辩证思维。

《华为基本法》诞生于1998年，曾是华为管理的纲领性文件，时至今日，华为的发展、变革依旧与《华为基本法》的精神一脉相承。近年来，华为成功实施了IFS（集成财务转型）变革，其财务管理为公司管理效益的提升起到了推动作用。今天重读《华为基本法》，感悟其中的财务辩证思维，会对华为财经管理变革、财务工作在企业管理中发挥的作用有更深刻的认识。

一、利润最大化与可持续增长的辩证统一：不单纯追求利润最大化是为了可持续发展

无疑，企业需要追求利润，但如果把全部着眼点都放到追求利润最大化上，极易造成企业行为短视，只顾眼前利益而损害长远发展。要实现可持续发展，

有时需要企业承担诸多不能立即产生回报的成本费用，如研发支出、企业文化建设支出、人力资源建设支出等。这些支出构成了成本费用，会减少企业当下的利润，但对企业长远发展不无裨益，甚至可能对企业未来参与市场竞争起决定性作用。

资源终归是有限的，企业不可能为了长远发展而在当下做无节制的投入，如何理顺长期利润与短期利润的关系呢？《华为基本法》第十一条写到，“我们将按照我们的事业可持续发展的要求，设立每个时期的合理的利润率和利润目标，而不单纯追求利润的最大化。”这一论述的新意在于，追求的利润目标应该是“合理的”，而不是“最大的”。利润合理化相比利润最大化，一是可以拒绝短期行为，二是可以培植深耕土壤。

以研发为例，研发支出高了，企业利润就会下降；反过来，只有研发出高附加值的产品，企业才会创造出更丰厚的利润。2014 年，华为研发投入 408 亿元人民币，占当年营业收入的 14.2%, 较 2013 年大幅增长 29.4%。华为的研发投入占比在全球同业中居高，研发人员占员工人数的比率大大高于同业，当然，独立研发的专利技术也远多于同业。

我们知道，创新是高新技术企业之魂，华为始终强调研发领先战略，研发能力也一直是华为的核心竞争力之一。为了把创新思维变成集体意识，华为对研发的投入有制度约束。《华为基本法》第二十六条明确规定，“我们保证按销售额的 10% 拨付研发经费，有必要且可能时还将加大拨付的比例。”自 1998 年以来，华为持续十多年研发投入都超过 10%。华为现任财务总监孟晚舟认为，“研发投入要像跑马拉松，而不是百米冲刺。”

二、人工成本与企业利润的辩证统一：分好“蛋糕”才能做大“蛋糕”

《华为基本法》第二条写到，“认真负责和管理有效的员工是华为最大的财富。”可惜，华为的人力资源文化被不少老板理解为对员工要“狠”一点，要让员工更多地加班加点，对华为给员工的高薪酬和股权激励却视而不见。只顾做大“蛋糕”，而不管分好“蛋糕”，这是对华为人力资源文化的误解。

人力资源增值与人工成本增长高度正相关。企业自然希望最大限度地激发员工潜力，创造更多的利润；而从员工的理性来说，在报酬没有显著改善的前提下更愿意追求工作舒适度。人工成本与利润是矛盾的：一方面，涨薪会吃掉利润；另一方面，涨薪能调动员工积极性去做大利润。怎么平衡呢？《华为基本法》第六十九条这样论述，“我们不会牺牲公司的长期利益去满足员工短期利益分配的最大化，但是公司保证在经济景气时期与事业发展良好阶段，员工的人均年收入高于区域行业的最高水平。”

在华为的利润分享计划中，员工能通过薪酬、年终奖、补助、虚拟受限股分红等形式把个人利益与公司利益捆绑在一起。在确保企业可持续发展的前提下，保证员工的较高薪酬，同时让员工分享企业增量的经营成果；这反过来会激发出员工更旺盛的创造力，让企业收获更优秀的经营业绩。这样就把人工成本与企业利润之间的矛盾由对立转化为统一了。

三、会计核算与审计监控的辩证统一：审计监控是为了提高会计核算的质量

为了强化财务管控，华为将子公司虚拟化，实行资金集中管理和账务集中管理。财务人员与账务处理实现跨区域、跨国度集中，财务人员集中最大限度地保证了财务工作的独立性，账务集中处理至少表现出了以下优越性：有利于总部的监管，有利于节省成本，有利于细化财务分工、标准化作业，有利于实现绩效考核公平。

例如，华为确认收入要求同时满足四项条件：

（1）已签订销售合同；

（2）产品已交付并安装调试完毕，取得客户终验证明；

（3）已向客户开具发票并被客户签收；

（4）收到合同约定的头期款。

因为收入确认标准严苛，华为的营业收入与利润质量很高，各代表处、地区部、片区使用统一的标准确认收入让业绩更可比，绩效考核更客观。

会计核算对业务的监督只是一个侧面，华为内部审计对会计核算的监督也非常严格。《华为基本法》第八十九条明确指出，“公司内部审计是对公司各部门、事业部和子公司经营活动的真实性、合法性、效益性及各种内部控制制度的科学性和有效性进行审查、核实和评价的一种监控活动。”华为曾有代表处市场经理做假验收报告骗取财务确认收入，被内部审计发现后该财务经理当即被除名。

四、财务与业务的辩证统一：财务必须融入业务

财务与业务的关系可从两个维度看：

第一，监督业务，对业务成果的真实性进行审核，并记录；

第二，服务业务，为业务协调资源，为业务决策提供支持。

站在财务的角度，监督业务很容易做到，教科书上就有现成的方法；服务业务则很难，一方面财务放不下架子，习惯充当监督者的角色；另一方面自己不了解业务，不知道该从哪个方向帮助业务，甚至担心自己的帮忙与监督职能发生冲突。

《华为基本法》第八十一条规定："公司以及事业部和子公司的财务部，应定期向财经管理委员会提交预算执行情况的分析报告。根据预算目标实现程度和预算实现偏离程度，考核财务部预算编制和预算控制效果。"

万事万物都是矛盾的统一体，矛盾都带有辩证的色彩，财务管理工作也不例外。在财务管理实践中，非此即彼的思维是错误的，好与坏在一定程度上都是可以逆转的。正如本文所述,《华为基本法》把诸如利润最大化与可持续增长、人工成本与企业利润、会计核算与审计监控、财务与业务等矛盾由对立转化为统一，为企业管理、企业价值最大化做出了贡献。这也可视作管理方法论上的进步，可为广大企业财务管理工作者提供有益借鉴。

第二节　财务人员如何融入业务

任正非对财务人员有较高的要求，他认为：（1）财务如果不懂业务，只能提供低价值的会计服务；（2）财务必须要有渴望进步、渴望成长的自我动力；（3）没有项目经营管理经验的财务人员难以成长为CFO；（4）称职的CFO应随时可以接任CEO。总结成一句话，财务人员应融入业务。

一、融入业务，提升价值

什么叫低价值的会计服务呢？很多人可能会说："这不就是指会计记账吗？"会计核算是事后的记录，简单重复，会计核算岗位的可替代性很高。会计记账在未来可能变得越来越低端。甚至有人预测，人工智能兴起后会计记账有可能由系统自动完成，不需要会计人员动手。

如果会计人员希望提升价值，那就要转身，实现由核算型会计向管理型会计转变。简单来说，就是会计工作要为经营管理服务，为业务服务，为一线作战服务。

二、渴望进步，渴望成长

这一要求对任何职业的从业者都适用，尤其对会计人员可能更加强烈。会计工作时时刻刻都处在变化之中，制度在变，准则在变，税法在变，在变化的过程中需要会计人员不断学习，不断调整，不断适应。会计人员对专业知识的学习要持续终身。

仅学习会计专业知识就够了吗？显然不够。要实现由财务会计向管理会计转型，我们还要学习业务知识、市场知识、管理知识、产品知识……学习应该是主动的，学习这些知识一方面为了开阔视野，另一方面为了融入业务。

三、积累项目管理经验

任总为什么把项目管理经验看得很重要呢？对于像华为这样的大集团公司来说，财务分工非常细，每个岗位所接触的工作几乎都是片段式的。片段式的工作虽容易做精，但很难窥探财务工作的全貌。如果想对财务工作的全貌有个了解，最好完整地参与一个项目，以利于在最短的时间内了解企业的业务运作。因为一个项目周期能够体现出企业业务运作的全过程。

参加项目管理，能培养财务人员的全局视野，让财务人员站在新的高度俯视企业业务运行的全貌。

四、具有 CEO 素养

这一要求在西方企业司空见惯。西方企业有个说法，CFO 是 CEO 最有力的接班人选。CFO 站在业务的最后端，能够俯瞰企业管理的全貌，因此认为 CFO 接替 CEO 是顺理成章的。

任总提出 CFO 要能随时接替 CEO，他要求华为的 CFO 一方面要具备 CEO 的潜质，另一方面要有对华为制度与内控的自信。

财务人员必须要懂业务。财务融入业务，是华为对财务人员的基本要求。为此，华为制定了财经干部与业务干部的双向交流计划。财务干部要懂些业务，业务干部应知晓财务管理。有序开展财经和业务的干部互换及通融，财务要懂业务，业务也要懂财务，混凝土结构的作战组织，才能高效、及时、稳健地抓住机会点，在积极进攻中实现稳健经营的目标，使公司推行的 LTC（集成财经服务）、IFS（互联网金融服务）能真正发挥作用。从各业务部门抽调干部到财经管理部任职，加强财经组织的业务建设，改变财经组织一直以来简单、固执、只会苦干不会巧干的作法。用任正非的话说，是在财经组织里加入一些沙子，是为了形成混凝土，而非取代财务人员，当然换岗的业务干部要先通过会计资格考试。

财务人员融入业务，好说难做，具体的路径有哪些呢，如何快速做到？任总给财务人员指出了以下三个方向。

方向一：参与项目管理

企业规模越大，财务人员的分工越细，往往只能专注一小块工作，很难窥探财务工作全貌。基层财务人员要想尽快掌握会计整体，最好的选择是做项目财务。一个项目相当于一个小企业的完整周期，全面且贴近业务。财务人员经历这样一个循环，可以为转身成为 CFO 奠定基础。

方向二：参与经营分析

华为推崇经营分析，而不是单纯的财务分析。财务分析一定要结合实际，服务业务部门，否则分析报告的作用有限。具体言之，财务分析要透过财务数据挖掘背后的业务原因，指出问题，找出对策，落实责任，到期考核。

方向三：参与预算预测

财务人员必须不断与业务人员沟通才能得出务实的结论。计划与预算是什么关系？“计划是龙头，制订计划的人一定要明白业务。地区部要成立计划、预算与核算部，要让明白业务的人来做头。只有计划做好了，预算与核算才有依据来修正、考核计划。”

第三节　华为财务管理的目标

财务管理的目标是什么？教科书的答案是实现企业价值最大化。这一答案在理论层面是正确的，但运用到企业财务管理当中不易落地。因为企业的价值不好衡量，在企业管理实践中不好量化，也难以直接考核。

要让企业价值最大化目标落地，需要对这一目标进行分解。企业的财务活动有很多，归纳起来，总会有主线条作为脉络。华为把财务活动牵引的导向分解为三个方面：第一，增长与盈利；第二，现金流；第三，资产结构。这三个方面需各加一个定语作为强调："可持续的"增长与盈利、"强劲的"现金流、"健康的"资产结构。

一、可持续的增长与盈利

可持续的增长与盈利强调了两个方面：规模增长与利润。这两个方面是一体的，规模增长需要实现利润，利润增长因规模增长而实现。规模与利润增长要求立足于长远，不能通过短期行为追求眼前的扩张。何谓短期行为，通俗地讲就是牺牲长远利益追求短期利益。

二、强劲的现金流

何谓强劲的现金流？一是要求现金净流量为正，流入大于流出；二是现金净流入应主要由经营活动带来。强劲的现金流强调企业自身的造血机能，要做到会计利润有现金流入作保障。华为的虚拟受限股每年都能做到高额分红，这取决于华为的利润有现金流入作支撑。

三、健康的资产结构

健康的资产结构是实现企业稳健经营的保证。一是要做到企业资产负债率、流动比率、速动比率安全，不至于出现债务风险；二是要做到合理利用债务杠杆为企业创造收益。稳健不能盲目举债扩张，也不能拒绝债务保守经营，关键在于平衡有度。

如果一个企业能同时做到业务规模不断扩张，利润与现金流有保障，那么就有理由相信这个企业有较高的价值。财务管理的目标体现在财务金三角的平衡。一方面，及时、准确、合规的会计核算、资金管理是进行财务管理以及有效达成财务目标的基础；另一方面，企业的主要财务管理活动，如年度预算、KPI考核、经营分析都需要找出“金三角”之间的短木板，加以牵引，实现均衡，最终提升企业的整体价值。

例如，在绩效考核时KPI应围绕财务金三角选取切合企业实际的指标，而不应偏颇于单一方面。另外，“金三角”自身构成要尽可能多元化、细化。增长性、盈利性、流动性指标的选择要有代表性、总括性、典型性，需体现企业价值增长点和管理改进的方向。

总结为一句话，一个健康的企业必须在增长性、盈利性和流动性之间找到最佳的平衡！

第四节　华为如何控制成本费用

华为在成本控制中的五个着眼点：（1）设计成本，确保未来的生产是最经济的；（2）采购成本与外协成本，议价能力与规模经济是关键；（3）质量成本，特别是因产品质量和工作质量问题引起的维护成本；（4）库存成本，特别是由于版本升级而造成的呆料和死料；（5）期间费用中的浪费。其中，设计成本与质量成本最值得关注。

成本费用控制是企业财务管理永恒的话题。成本费用是利润的死敌，会削减企业的利润。企业往往会把控制成本费用当作扭亏增效的手段。

控制成本费用需要有度，不宜过度。一方面成本费用是利润的耗减，另一方面成本费用是利润的源泉。成本费用可能会促进业务的开展，实现创收增利。成本费用自身就是一个矛盾的统一体。那么问题来了，怎么去平衡这个辩证关系呢？怎么做才是恰到好处呢？

关于成本控制，《华为基本法》第八十二条有一段描述：成本是市场竞争的关键制胜因素，成本控制应当从产品价值链的角度，权衡投入产出的综合效益，合理确认控制策略。

成本费用的控制依据不应是“多与少”，而应是“是与非”，关键是要衡量投入产出比。控制成本费用不一定要追求成本费用总额的下降，而应尽可能让成本费用带来增量产出。

华为在成本费用控制方面，主要关注五点：设计成本，采购成本与外协成本，质量成本，库存成本，期间费用。重点是控制设计成本与质量成本。

一、设计成本

设计成本是指企业在进行产品设计时，根据设计方案中规定使用的材料、经过生产工艺过程等条件计算出来的产品成本。它是一种事前成本，并不是实际成本，也可以说是一种预计成本。

设计成本会决定后期生产中 80% 以上的成本。在生产制造环节降成本，难度很大，也为时已晚。控制生产成本需要将着眼点前移到设计环节，让产品的设计方案做到生产最经济，未来消费者能收获更高的性价比。

二、采购成本与外协成本

采购成本与外协成本取决于企业的业务规模与议价能力。在很大程度上议价能力也取决于业务规模。要降低这两项成本，最佳的方式是不断拓展业务，实现规模经济。

三、质量成本

质量成本一直是华为成本控制的重点。如果产品质量有瑕，必然会导致退换货，维修、运输等成本也会增高。如果产品直接面向消费者，产品质量问题还有可能导致企业整体形象受损，甚至给企业带来毁灭性灾难。

四、库存成本

库存过高一方面会增加仓储费用，另一方面会增加资金占用成本。存货库存主要包括两部分：原材料和产成品。在市场生产过剩的情形下，企业都有控制产量的意识，在维持一定安全库存的情况下，做到按订单生产。对于原材料，要重点关注因版本升级造成的呆料和死料。

五、期间费用

很多企业都把成本控制的重心放在期间费用上。预算控制、总额控制、比率控制、人均控制，方法诸多，不一而足。控制效果一般不会太好。原因在于，期间费用在成本费用中的比重虽然不高，但监管的难度却很大，本着成本效益原则，不应对期间费用过多干预。企业对期间费用的控制重心不妨后移，体现在对责任中心的利润考核中。华为对期间费用控制的理念是做到不浪费就好。

总体而言，控制成本费用要摆脱紧盯局部不顾整体的思维。降低成本费用绝非控制成本费用的目标，降低企业的运营成本才是关键，企业应关注的是成本费用的投入产出比。

第五节　华为的财务“四化”建设

财务服务业务，好说难做。财务人员如何与业务人员沟通，怎么做好工作对接，对此疑难，财务人员不妨借鉴一下华为的财务“四化”标准：财务理论大众化、财务语言通俗化、财务要求流程化、财务输出模板化。这“四化”既有语言的艺术，又有工作的技巧。

一、财务理论大众化

财务要为业务服务，不应故作高深，如果财务原理、理论只有财务人员自己明白而业务人员听不懂，这是财务工作不接地气的表现。道理很简单，要是业务人员听不懂财务的语言和逻辑，财务如何为业务提供服务呢？

二、财务语言通俗化

财务人员要用通俗易懂的语言来表述财务观点。真正的高手能把专业术语通俗化地表达出来，这是一种高度和境界。做到了这一点的财务人员，功力不凡。然而，能够做到使用通俗、凝练的语言表述复杂理论的人，需要对自身的工作有深刻的理解才行。

三、财务标准统一化

财务制度、流程、科目、代码等均需统一，这是集团化财务管理的基本要求。标准化可以减少沟通成本，让大家快速地理解财务工作内容。

四、财务输出模板化

财务工作的成果如何呈现，大有讲究。以财务分析为例，分析报告的格式可以是 Word 或 PPT，哪种形式更好，要看企业要求。不管用哪种形式，至少要统一体例，如逻辑、框架、排版，这个体例就是模板。使用模板的目的是为了便于工作。模板的好处至少体现在以下几个方面。

1. 格式固化

由上级下发给下级，体现的是上级的意图，等于上级为下级工作指明了方向。如果不明确上级意图，下级会习惯性地做成“大而全”。

2. 交付格式统一

交付格式统一，便于汇总，尤其有利于集团化公司工作。假如子公司财务分析报告格式不一，琳琅满目，阅读报告的人就要不断跳跃思维，不断跟着子公司会计报表的思路转换。如果格式统一，不仅可以让看的人省心，也可以让汇总的人省事。

3. 填报的时候直奔主题

例如，学生考试，总觉得填空题好做、选择题好做，而论述题不好做，这是因为填空题、选择题有方向，而论述题不着边际。同样的道理，给了下级模板，下级就明确了要填写的内容。

4. 关注点明确，减少上级的无效阅读

如果下级做一份大而全的报告交差。对于上级而言，其要关注的内容可能只是其中的一段，这需要上级从冗长的报告中找出关键内容，结果白白浪费了

时间。

财务“四化”建设也是财务人员服务意识的体现。就像华为的愿景，“为顾客创造价值是我们存在的唯一理由”，财务工作服务谁：业务、一线、下游的部门。它们实际就是财务的顾客。

第六节 从华为年报中读懂员工薪酬

从华为2016年公布的年报中可以看出，其收入大增，但利润增长与收入增长不同步，创下了近年来增幅新低。降本增效无疑是破局之道，降本需要裁减冗员，增效需要员工更加努力，内部运营更加高效。华为的做法是裁员、涨工资、增效，边裁员边涨薪，激发存量员工的工作热情。

华为2016年的年报显示，实现销售收入5 215.74亿元，同比增长32%；实现净利润370.52亿元，同比增长0.38%。利润增长与收入增长极不同步，创下了近年来增幅新低。然而，华为在员工待遇上依然慷慨。2016年18万华为员工的人均薪酬接近60万元，相比2015年有大幅增加。

华为的利润增长遇到了瓶颈，持续维持员工的薪酬增长是有压力的。员工薪酬构成成本费用，使利润抵减。理论上，要达成利润最大化，就应尽可能降低成本费用。员工薪酬是否也应不断降低呢？这需要辩证来看，一方面，低员工薪酬能提升利润；另一方面，低薪酬不利于吸引优秀人才，不利于调动员工的工作积极性。这是矛盾的，该如何平衡呢？

一、任正非用人的三句名言

任正非在用人上的三句名言值得我们思考。

1.“三个人干五个人的活，挣四个人的工资”

员工获得的高薪绝不是老板施舍的。即便老板有善心，企业不盈利，这种施舍也是不可持续的。员工的高薪应该从自己给公司创造的利润中分享，这就要求员工要提升工作效率，让自己的贡献大于成本。

2.“给的钱多了，不是人才也变成了人才”

指责员工责任心不够往往无济于事，责任心很大程度上源于对工作岗位的珍惜。如果企业的薪酬水平高于业界平均水平，员工是不会轻言跳槽的。结合华为的绩效考核与末位淘汰，员工会有主动性不断学习提升工作技能，也会有自觉性提升工作责任心。这等于是一根无形的“鞭子”在督促员工进步，一点点变得优秀。

3.“每增加一个干部，前端要先减少两个干部”

在信息技术时代，计算机与人工智能不断地替代原本应由人完成的工作。在这样的大前提下，企业的管理与控制应该越来越简洁、越来越高效，应该不断减少控制节点与控制岗位，让计算机代替人去工作。

任总的这三句话可以归结为一个意思，减员、增效、涨工资。在华为利润增长碰到瓶颈的时候，降本增效是破局之道。其中，裁减冗员与低价值员工是重要的降本手段，目的是降低企业整体的运营成本。华为的做法是边淘汰低效员工，边给员工涨工资。

二、如何平衡涨薪与利润间的矛盾

前面讲过《华为基本法》里有一条：我们不会牺牲公司的长期利益去满足员工短期利益分配的最大化，但是公司保证在经济景气时期与事业发展良好阶段，员工的人均年收入高于区域行业的最高水平。

对这句话我们要做以下两个层面的解读。

（1）对员工来说，更愿意追求短期内的回报最大化。员工是打工心态，干几年可能就跳槽了，自然希望企业尽可能多地把利润拿出来做奖金。利润不可能都发给员工，除了股东需要有回报，还有一部分利润要留下来满足扩大再生产的需要。所以，企业只能拿出利润中的一部分满足员工的利益诉求。

（2）华为也强调了，如果企业发展良好，会让员工的收入比较乐观。标准是什么？两个量化标准：第一个是所处行业的水平；第二个是所在地区的水平。华为给员工定的薪酬标准在行业里面较高，在地区也是居高的，就是双高的标准。

在华为的利润分享计划中，员工能通过薪酬、年终奖、补助、虚拟受限股分红等形式把个人利益与企业利益捆绑在一起。在确保企业可持续发展的前提下，保证员工的较高薪酬，同时让员工分享企业增量的经营成果；反过来，会激发出员工更旺盛的创造力，让企业收获更优秀的经营业绩。这样就把人工成本与企业利润这一矛盾由对立转化为统一了。

第七节　末位淘汰制的精髓在于激发员工的潜能

末位淘汰制的精髓在于激发员工的潜能。末位淘汰制是和目标责任制相对应的考核制度，无疑，末位淘汰制的考核要求更高。末位淘汰不仅会把完不成目标的不合格员工淘汰掉，也会把能胜任工作但表现不显眼的员工淘汰掉。严格地讲，这一制度所淘汰的并非是不合规员工，而是一群合格员工当中表现最不优秀的那一个。

有人形容华为是商场猛将的发源地，华为员工是商场上的战士。华为是如何找到这些猛将，并将之凝聚成一股力量的呢？这有赖于华为用人的“四子经”，即桃子、绳子、鞭子和筛子。

桃子是吸引。一方面，华为的品牌与美誉度能吸引到许多优秀人才；另一方面，华为一直践行用高薪吸引人才，员工薪酬标准领先于同行业、同区域。

绳子是牵挂。员工入职华为后，业绩合格的两年后能获得虚拟受限股，参与企业的利润分红，获得劳动以外的资本性回报。

鞭子是约束。华为制度严苛，奖罚分明，“逼”着员工进步。

筛子是鞭策。华为每季度进行一次全员绩效考核，实行末位淘汰制。近年来末位淘汰的做法在互联网上饱受争议，有不少声音提出末位淘汰制有违法之嫌。

华为在用人上始终贯彻末位淘汰的思想，这一做法也是华为人事管理的特色之一。末位淘汰给员工传递的压力无疑是巨大的，虽有不近情理之处，但末位淘汰对激发员工潜能、优化人力资源结构有极大帮助。

任正非谈及华为文化时表示，公司不迁就任何人，末位淘汰要日常化。华为将末位淘汰融入日常绩效考核工作体系，实现末位淘汰日常化。不合格干部清理和员工末位淘汰形成制度和量化的方法，立足于绩效，用数据说话。公司面向未来，逐步把不合格干部清理和员工末位淘汰工作融入日常绩效管理工作体系中，以形成一体化的工作模式，而不是独立开展。

设计末位淘汰制度，有管理上的考虑，也有员工心理上的考量。站在员工的角度，在应对 KPI 考核时，员工会有 100 分万岁的心理。如果只满足于 100 分，员工剩余的能力会被刻意保留下来。站在企业的角度，自然希望员工能最大限度地发挥潜能。KPI 考核不能仅仅满足于达成目标，而应该追求极限。

两个得 100 分的员工未必同等优秀，如果能给员工一个加分的机会，优秀的员工会做出超出预期的业绩。末位淘汰与开放式评分相结合，能让员工的绩效不断攀升，让企业的人力资源水平不断进步。

华为的"开放式评分"模式具体来说就是，完成目标得满分，超过目标有加分。鼓励自我突破，看好超目标更多的员工。得分靠后即便完成了目标，也可能受到处罚。这种方法可杜绝 60 分万岁的心理，规避完成目标后怠工。

末位淘汰是人力资源管理的一剂猛药，却也是优劣并存，唯有善用者方能得其利。或许针对华为末位淘汰的争论还会继续……末位淘汰的利弊得失，我们需要时间去观察。

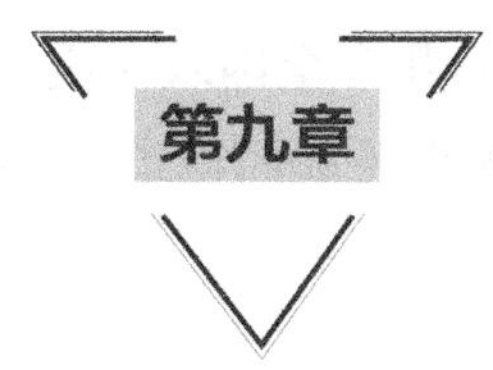

第九章

会计人的责任与风险

第一节 鲜活的会计人物

有些人将会计视作毫末小技，认为会计出不了大家，这绝对是看低了会计。翻开我国的会计史，不乏鲜活的人物形象，本节就说一说那些鲜活的会计人物。

潘序伦

我国现代会计之父潘序伦曾言："立信，乃会计之本；没有信用，也就没有会计。"孔子云，人无信不立。潘先生特别注重会计人的诚信，并因此将其创办的潘序伦会计师事务所更名为立信会计师事务所。就像"同仁"特别适用医药行业，"立信"二字仿佛是为会计行业特创。会计人应是诚信的人，不欺人，不欺心。

潘序伦先生把会计师的职业道德归纳为六个字：公、信、廉、密、勤、敏。公指公正严明，恪守中立；信指保持信誉，建立信用；廉指廉洁自爱；密指受人之托，保守秘密；勤指处事时务必殚精竭虑；敏指承接业务后要按时按质完成。这六个字中前三个字是做人的要求，后三个字是做事的要求。做人在前，做事在后。

张连起

我以前读研究生的时候就知道张连起先生，那时候《财务与会计》杂志每期登一篇张先生的会计随笔。写文章不易，张先生数年如此，才情可见一斑。

后来知道他是会计界为数不多的几个全国政协委员之一，可谓会计界的一面旗帜了。去年买了张连起先生的大作《起而论道》，文气纵横，钦佩之至，推荐大家一阅。

葛家澍

厦门大学葛家澍教授仙逝，会计学界一代巨星陨落，我辈不胜哀悼！ 20 世纪 80 年代，葛家澍教授与中国人民大学阎达五教授一南一北，分别提出会计信息系统论与管理活动论，引起了空前热度的学术讨论，也因此奠定了二位先生会计学术宗师的地位。两位老先生先后辞世，我国会计学术界从此进入后宗师时代。

郭道扬

我国会计史研究第一人是中南财大的郭道扬教授。我国古时重农轻商，会计被视为末等职业。会计一科更是有史无书，正史鲜有涉及。20 世纪 80 年代，郭先生撰写的《中国会计史稿》出版，填补了我国会计史研究的空白。

顾准

顾准，让很多人熟悉又陌生的名字。熟悉，是因为他是有独立思想与人格的经济学家；感到陌生，是因为不了解他在会计领域的造诣。聊举一例，现今针对企业的税收专管员制度，就是顾准在任上海财政厅长兼税务局长时创立的。

杨纪琬

杨纪琬先生是我国 20 世纪 80 年代初杰出的财政部会计司司长，也是我国会计制度的奠基人之一。那一时期，杨先生与阎达五教授一起提出了会计管理活动论，把会计工作由过去的统计计数定位提升到管理活动的高度。这一理论的提出，极大地长了会计人的志气，会计人的地位因之提高了。

孔子

孔子曾经是会计人的同行。他年轻时，因生计困顿，当过负责仓库财物进出登记的会计。在当时，这不是什么体面工作，孔子自己也说："吾少也贱，故多能鄙事。"但他没有因会计工作轻微敷衍塞责，他尽职尽责，每笔账目都记录得清楚明白。一段时间后，孔子总结了会计工作应遵循的规律，"会计，当而已矣"。

第二节　用一道题测试会计基本功

王师傅是卖鱼的，一千克鱼进价 48 元。现市场价大甩卖 36 元 0.5 千克。顾客买了两千克，给了王师傅 200 元，王师傅没零钱，于是找邻居换了 200 元。事后邻居在存钱的过程中发现钱是假的，被银行没收了，王师傅又赔了邻居 200 元。请计算王师傅一共亏了多少钱？

这道题很多人都算错了。错误的答案有 56、208、212、200、224、296、344、352、400、424、496，其中有你算出的数字吗？

这道题除了设置一个“陷阱”，考验会计人的细心程度外，并不复杂。“陷阱”是鱼的进价每千克 48 元，卖出去时价格是每 0.5 千克 36 元。如果计算思路正确，而忽视了这个细节，答案是亏损 224 元。

除此之外的错误答案，说明计算思路本身就错了。这么多人做不对这道题，或许说明了会计核算的基本功不够扎实。你可能会想，这明明就是一道小学的算术题，与会计核算的基本功有什么关系呢？为什么会算错，根本原因在于大家把支出与亏损混淆了。王师傅找钱、换钱都是支出，不是成本费用。如果你按题目的说明一步步做会计分录，自然会得出正确答案。先看看会计分录该如何做。

第一，王师傅采购两千克鱼：

借：库存商品　（48×2）96
　贷：现金　96

第二，王师傅卖出两千克鱼：

借：现金　200
　贷：主营业务收入　（36×4）144
　　　其他应付款　56

第三，结转成本：

借：主营业务成本　96
　贷：库存商品　96

第四，找邻居换现金：

借：现金（零钱）　　200
　贷：现金（整钞）　　200

第五，给顾客找零：

借：其他应付款　　56
　贷：现金　　56

第六，给邻居赔偿：

借：营业外支出　　200
　贷：现金　　200

会计分录做出来了，需要进到利润表中的就三项：主营业务收入、主营业务成本、营业外支出。最后的利润为 -152（144-96-200）元。

第三节　会计考试思维与会计实务思维

曾有人问我，企业总部打算转让给子公司一批产品，以这批产品做增资，该如何操作。天啊，怎么会有人问这样的问题呢？因为这种情形在现实场景中基本不会出现。

会计考试也许会出上述试题，但实践中财务人员都会转换思路，绕道而行。如果我是该公司的财务负责人，我会就此事向董事会建议，转让这批产品作为正常销售处理，总部以等额现金出资，出资款到位后，收回货款。这样操作，山还是那座山，梁还是那道梁，可路好走多了。

我还记得学《会计基础原理》第一课时，老师告诉我们会计遵循“实质重于形式”原则。等走入职场后，我发现不管是会计工作还是其他工作，“形式”未必轻于“实质”。会计做账的基本原则是“有借必有贷、借贷必相等”，可实际工作中可能出现只有借方没有贷方的会计分录，比如在确认利息收入时，有些老会计喜欢做两个借方的会计分录：

借：财务费用——利息收入

借：银行存款

为什么会做出这么特别的会计分录呢？这是老会计们为了方便以后提取历史数据用的“土办法”，看财务费用时只看借方发生数就可以了。

说到这里，我想总结一下会计考试思维与会计实务思维的区别。会计考试思维强调正确性，追求标准答案；会计实务思维强调功利性，讲求实用。下面举个例子来说明：

公司将自产的手机发给员工，会计该如何做账呢？对这个问题，我估计90%的会计人员知道该视同销售，50%的会计人员能写出中规中矩的分录。视同销售应该是正确的考试思维，但老板可能会不满意。如果会计人员动动脑筋，或许就能找到不用交两道税（增值税、个税）的办法，特定情况下可能一道税都不用交。

这就是会计实务思维的乐趣，就看你是不是愿意琢磨。

会计实务没有考注会那么难，试卷中的高难度知识点并非工作中的难题。实务中，大多数会计事项会重复发生，例外事项与新生事项并不多见。会计工作很大程度上就是把简单重复的事情做好，找到重复当中的规律，使之制度化、流程化、模板化。

实务工作不像考试要求得那么严格，它允许会计人员延迟处理、变通处理、纠错处理，这些便利的目的只有一个：把工作做好。因此，会计人员应从考试思维中走出来，转换为实务思维。

第四节　加班的付出与收获

职场中人都知道，加班是普遍现象，尤其在科技企业。

华为财务总监孟晚舟女士曾到大学做演讲，演讲结束后有学生问道：“很多报道称华为员工经常加班，不加班就会影响考核和晋升机会，这是真的吗？”

类似的问题，任正非也被问到过，任总当年的回答很“霸气”。他说：“很多人问我，来公司工作有没有双休？需不需要加班？我笑而不语，客气地请他们离开了公司。欲求安逸，为何还要出来工作，直接窝在家里不就“七休”了吗？人，如果不趁年轻多努力，你有青春又如何？都说年轻就是资本，我想补充的是，只有奋斗，你的资本才有价值；只有拼命，你的年轻才值得炫耀！”

相比之下，孟晚舟的回答多了几分温婉：

“首先，华为并不鼓励加班。我们希望员工能高效工作，在工作时间内完成工作任务。我们评价员工是以责任结果为导向，而不是看你是否加班。当然，因为全球化的业务发展，受时差的影响，有时候我们确实需要在晚上或者周末和一线工作人员召开电话会议，或者回复邮件。

说到这个问题，我想起以前看到的一句话：人生的差别就在八小时之外。我很赞同，想象一下，工作了八小时之后，有的人选择放松、娱乐、刷朋友圈，而有的人选择阅读、学习，不断提升自己。几年后，差距就拉开了。”

对企业而言，员工加班多少不能作为考核目的，可以作为评价劳动态度的一个参考，但最终还是要以结果为导向。

对员工来说，如果仅认为加班是一种付出，自然会觉得痛苦。八小时以外的时间虽然属于个人，但也不意味着都要花在娱乐休闲上。如果加班只是为了得到领导认可，那可能是在浪费时间；如果加班有利于自身能力的提升，那就是成长与收获了。

如果工作中出现了突发事由，需要你加班解决，这是你应有的觉悟；如果你工作不熟练、效率低，需要加班赶上，这是你应有的危机感。如果你经验不足、知识欠缺，需要牺牲休息时间参加学习培训，这是你应有的远见。

最后用孟晚舟的话做个总结：

“我想说，大家把加班和进步这两件事搞混淆了，不是因为加班你得到了晋升，而是因为你比别人付出了更多的时间、更多的努力，所以你进步了，晋升了。任总曾给我们讲过一个小故事，意思是在马赛马拉草原上，你只有比别的羚羊跑得更快，才有可能生存。”

时间对每个人都是公平的，关键是看你怎么选择。

第五节 财务总监的工作范围及其责任

企业要想充分发挥财务总监的作用，就必须对财务总监的职责和权限进行科学、明确的界定与规范。在确保实现财务总监工作目标的前提下，既不可盲目扩大财务总监的职权，又必须注意防止财务总监被架空，有责无权。

财务总监的工作范围大致可以分为三个领域：会计监管、财务分析决策以及与会计和财务相关的管理领域。

一、会计监管领域

财务总监应处理好以下几项工作：（1）对企业会计核算的合规性、真实性、可比性、一贯性等进行监督，审核企业重要的会计报表；（2）依法检查企业财务会计活动及相关业务活动的合法性、真实性和有效性，及时发现和制止违反法律法规的行为，以及可能造成出资者重大损失的经营行为，并向董事会报告；（3）组织企业各项审计工作，主要是对企业及各子公司的年度报表进行审计；（4）依法审定企业及子公司财务、会计、审计机构负责人的任免、晋升、调动、奖惩等事项。

二、财务分析决策领域

（1）对企业财务活动的合法性、真实性、有效性等进行监督。

（2）负责制定财务政策，做出资本预算、计划并进行风险管理。

（3）参与审定企业的财务管理规定及其他经济管理制度，监督检查子公司财务运作和资金收支情况。

（4）与企业总经理联合审批规定限额范围内的大额支出事项。

（5）参与审定企业重大财务决策，包括审定企业财务预决算方案，重大经营性、投资性、融资性计划和合同以及资产重组、债务重组方案，参与拟订企业的利润分配方案和弥补亏损方案。

三、与会计和财务相关的管理领域

虽然财务总监的主要职能是财务监督，但是监督总是寓于管理之中，财务总监在行使对企业筹资、投资、用资、耗资等一系列财务活动的监督职能时，总要与财务计划、成本控制、会计核算、财务分析等许多财务、会计的具体组织管理工作紧密结合起来，因而财务总监也必然具有一定的管理职能。

与会计和财务相关的管理领域主要包括：

（1）新产品的开发和定价；

（2）对董事会批准的企业重大经营计划、方案的执行情况进行监督；

（3）参与重大投资项目，制定战略发展规划等；

（4）大量增减员工的计划等。

以上对财务总监权责的分析，界定了财务总监对企业财务活动事后、事中、事前三个阶段各自的权限。在事后，具体体现为记录、统计职能；在事中，体现为控制、分析职能；在事前，体现为预测决策职能。

四、财务总监应承担的责任

权和责的对立统一是激励、约束的需要。为确保财务总监履行好自己的职责，企业也必须明确其应承担的经济和法律责任。这些责任包括以下四项：

（1）与总经理一起对企业公布的会计报表的真实性承担责任；

（2）对企业因财务管理混乱、财务决策失误所造成的经济损失承担相应责任；

（3）对企业重大投资项目决策失误造成的经济损失承担相应责任；

（4）对企业严重违反财经纪律的行为承担相应责任。

第六节　子公司财务总监的绩效考核

子公司财务总监的绩效考核模式是母公司规范子公司管理、加强财务监督的重要手段。子公司财务总监宜于两维考核，即分别由子公司与母公司对其制定、下达 KPI，并进行考核，考核结果是兑现其绩效薪酬的依据。子公司财务总监绩效工资的兑现既要体现经营团队负责的理念，又要契合其双层身份的特质。

目前，大型集团公司对子公司管理都采取总经理与财务总监委派制或聘任制。因为集团公司有控股地位，子公司董事会的大多数成员往往都由集团高管兼任，名义上子公司的总经理与财务总监向董事会负责，但实质是对集团总经理、财务总监负责。单就财务总监来看，其工作可以视同向母公司财务总监与子公司总经理双向负责。从这一实质来看，子公司财务总监的职责是有别于集团总部财务总监的。因职责与负责对象不同，对子公司财务总监的绩效考核模式就有其独特性，方式、方法也应有所差异。

一、绩效考核的模式

集团公司下属子公司财务总监的选拔具有一定的特殊性，特殊之处在于他的聘任实体实质上是母公司（聘任的决定权更多取决于母公司的财务总监），子公司董事会只是履行形式上的聘任程序。在这种情况下，子公司财务总监的工作就需要对子公司总经理与母公司财务总监双方负责。子公司总经理与母公司财务总监很自然地就成了子公司财务总监的考核主体，如图 9-1 所示。

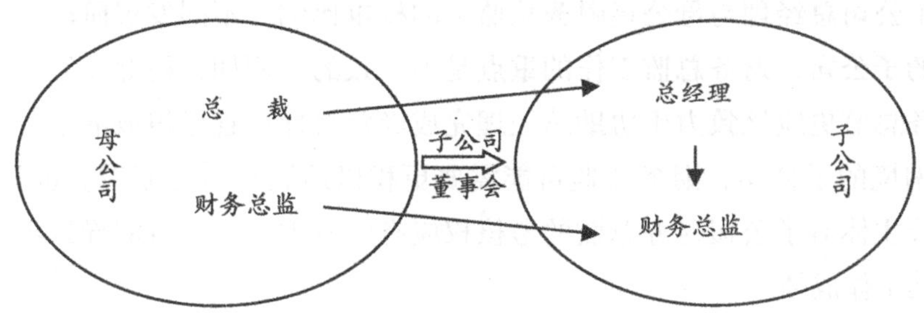

图 9-1　子公司财务总监绩效考核主体

以我曾经任职的集团公司为例，它们对子公司财务总监绩效考核的方式各不相同：有的采用子公司独立考核模式，有的采用财经体系独立考核模式，还有的采用母子公司双维考核模式。

1. 子公司独立考核模式

子公司独立考核模式是将子公司财务总监完全等同于副总经理，由子公司总经理年初确定财务总监的 KPI，年末再由总经理对标打分，确定财务总监的考核结果。这种模式实际是总经理全权考核财务总监，优越性在于有利于推进财务总监配合总经理工作，共同促进企业整体目标的完成，不足之处在于财务总监有可能为迎和总经理而对母公司赋予的监督职权不作为。

2. 财经体系独立考核模式

子公司（地区部）财务总监由集团财经体系选派，子公司（地区部）总经理对财务总监的遴选与考核无话语权。这种模式等于将子公司（地区部）财务总监考核全部集中于总部财务部和总部财务总监，有利于加强总部对子公司（地区部）的监管，不足之处在于割裂了财务总监与子公司（地区部）的利害纽带。

3. 母子公司双维考核模式

由母子公司共同对子公司财务总监进行考核，双方各占 50% 的权重。考核结果 70 分以上为称职。子公司考核部分类似于子公司独立考核模式，母公司考核部分由母公司财务总监给子公司财务总监下达 KPI，年末逐项对标打分。母子公司双维考核模式实际是子公司独立考核模式与财经体系独立考核模式的折中。

从子公司财务总监工作应双向负责的特质看，我国企业的母子公司双维考核模式在理论上更严谨。但在实际操作中有一个问题需要考虑，就是两大考核主体（子公司总经理与母公司财务总监）的权重比例。不同发展阶段、不同经营状况的子公司，财务总监工作的重点是不一致的。例如，稳健发展期的子公司，财务总监更应该致力于协助总经理完成经营目标；管理粗放的子公司或陷入经营困境的子公司，财务总监可能需要更积极地履行监督职能。也就是说，两大考核主体对子公司财务总监的考核权应有所侧重，否则可能导致不能公正地评价其工作成绩。

二、KPI 设置

要进行绩效考核，就必须设立 KPI。KPI 的遴选应充分考虑子公司财务总监的工作范围与职责。前文讲过，财务总监的工作范围可大致分为三个领域：会计监管、财务分析决策以及与会计和财务相关的管理领域。通过对这些领域职责的分解，不难归拢出子公司财务总监对其考核主体——子公司（总经理）和母公司（财务总监）——应承担的主要职责、义务以及其在考核期内应重点完成的工作。依据考核主体对子公司财务总监具体工作关注程度的高低，母、子公司可以分别给子公司财务总监下达 KPI。以母子公司双维考核模式为例，表 9-1 为某子公司财务总监承接的 KPI。

表 9-1　某子公司财务总监年度 KPI

序号	子公司（总经理）		母公司（财务总监）	
	KPI	权重	KPI	权重
1	建立（完善）相应的内控制度		按时按质上报母公司要求的各类报表、报告	
2	编制财务预算并进行预算控制		完成年度审计，获得清洁（标准无保留意见）的审计报告	
3	为相关决策提供财务数据支持		对企业资金安全负责	
4	与银行、税务等建立良好的关系		防范税务风险	
5	参与制定和实施投融资计划		财务人员队伍选拔、培养	
6	对重大资金支出进行审批与监控		协助总经理完成财经指标	
7	对财务部日常工作、生产安全承担责任		母公司财务总监交代的其他工作	
	……		……	
合计		50%	合 计	50%

三、绩效与薪酬

子公司财务总监和其他高管一样大都实行年薪制。年薪分基本薪酬与绩效薪酬两部分，两部分构成比例由董事会确定（绩效薪酬构成比例一般不低于40%）。总经理年薪由董事会根据经营规模（收入、净利润等规模）确定，财务总监年薪由总经理和母公司共同确定。实际操作中，副总经理、财务总监的年薪一般为总经理年薪的 0.5~0.9（见表 9-2）。高管年薪中的基本薪酬逐月发放，绩效薪酬根据年度绩效考核结果一次性发放，只有考核达到规定的要求时绩效薪酬才能兑现。

表 9-2　子公司高管人员的薪酬结构

金额单位：万元

职位	年薪总额		基本薪酬			绩效薪酬	
	系数	额度	权重	额度	月均	权重	额度
总经理	1.00	36.00	50%	18.00	1.50	50%	18.00
副总经理	0.80	28.80	50%	14.40	1.20	50%	14.40
财务总监	0.70	25.20	50%	12.60	1.05	50%	12.60

上述薪酬结构在业界大同小异，但对子公司总经理、财务总监绩效薪酬的兑现方式却各有差异。

除了像华为公司这样将财务机构设置成独立体系的情况外，实际上子公司财务总监的薪酬与总经理的薪酬大都是正向强相关的。子公司财务总监能拿到多少绩效薪酬取决于三个因素：

（1）年初设定的绩效薪酬额度；

（2）自身的绩效考核结果；

（3）总经理（子公司）的绩效考核结果。

这三者中最关键的因素是第三项。这种薪酬体系体现了团队对子公司业绩负责的思想，有其科学性与合理性。

对子公司财务总监采用何种绩效考核模式、薪酬模式是母公司规范子公司管理、加强财务监督的重要手段。基于子公司财务总监的特殊属性，他宜于接受两维（子公司与母公司）考核，以考核结果作为兑现绩效薪酬的依据。具体操作中，子公司财务总监的绩效薪酬兑现既要体现团队负责的理念，又要吻合其双层身份的特质，兼顾二者才有利于提升其绩效考核与薪酬体系建设的科学性和合理性。

第七节　财务总监履新该如何开展工作

财务总监履新欲立稳脚跟，建议分三步走。第一步，三缄其口，多观察、多倾听、多客套，切勿随便发表意见；第二步，抓基础、抓细节、找共识，做一些明面的、大家都认可的改进；第三步，找一个薄弱点，争取总经理的认同，重点突破。第一步是为了了解情况，第二步是为了获得认可，第三步是为了证明价值。

既然是履新，指的是财务总监到一家新企业任职或者刚被提升到财务总监的位置上。新官上任，财务总监往往会有一种无形的压力。因为到了一个新位置，每个人都希望能在最短的时间内得到上上下下的认可。要得到认可，就要做出一定的成绩，以此证明自己的能力。越是这样，财务总监履新时怎么开展工作，怎么高效地做出成绩就变得越重要。本节，我想给新晋财务总监几点建议。

一、不要急于表现

初涉财务总监职位或空降履新，熟悉情况非常重要。在熟悉情况之前，财务工作宜先按照以前的流程开展，不要急于变革。运转一段时间后，再琢磨现有的做法有无弊病，有无改进空间。只有了解了情况后，才有可能提出有针对性的、可行的改进方案。即便如此，改进也不宜马上施行。因为很多的弊病并不是你来了才被发现，很可能企业早就知道了。知道了还解决不了，自然有解决不了的原因。

二、优先解决总经理最着急的问题

财务总监一定要知道总经理最着急要解决的是什么问题。搞清楚后，应该优先解决总经理着急的问题，而不是自己发现的重要问题。先解决了企业的难题，等于是向企业证明自己的能力，这样做下来更容易获得总经理的认可和信任。财务总监应先在企业找到立身之本，然后再循序渐进地向总经理提出更多的建议，争取获得更多的支持。

三、工作推进要先易后难

企业需要改进的工作千头万绪，如何排列优先顺序，需遵循几个原则。

1. 优先做个人能控场的工作

这类工作局限在财务部内部，不需要跨部门配合，也不需要领导授权。如会计合规性、资金管理等，改进的阻力小，变革的风险低，做好了，能让财务部的工作面貌焕然一新，新晋财务总监易在下属面前塑造一个务实的形象。

2. 制度与流程依需要而建

制度与流程建设是内控方面的工作，做好了，能降低财务总监工作的风险。无疑，制度流程建设非常重要，但要注意了，别指望一口气吃成胖子。一家企业如果管理粗糙、制度与流程欠账太多，建立时要循序渐进，需要给大家一个认可、熟知、接受的过程。制度建设要一步步来，先易后难。这个“易”是指普遍接受的制度流程优先订立。

3. 财务管理类工作随着对业务的熟悉逐步到位

预算、财务分析、税收筹划等工作，需要对业务熟悉后才能做得接地气。不了解业务，财务管理会搞成“假、大、空”。财务总监要主动切入业务，逐步建立自己的话语权，让业务觉得财务工作是有价值的。

四、站稳脚跟后才能搞变革

变革难，管理方面的变革更难。变革要打破旧的利益格局，如果尚未站稳脚跟，就去搞管理变革，可能的结果是：（1）提了无人附和；（2）变革思想得不到总经理的支持和认可。这样一来，等于“放空炮”，把自己架到火上烤。这会让财务总监在新单位的形象黯然失色。所以，财务总监在站稳脚跟和得到广泛支持前，不要试图搞管理变革。

第八节　CEO 与 CFO 的矛盾探源

如果 CEO 与 CFO 有矛盾，企业多半做不好，或者说企业本身就有大问题。因为身份有别，当 CEO 与 CFO 关系欠佳时，基本可以断定是 CEO 让 CFO 为难了，CFO 又没能让 CEO 如愿。痛心的是，CEO 与 CFO 矛盾激化的结果一般是 CFO 走人。CEO 与 CFO 最佳的关系定位是什么呢？业界公认应该是战略合作伙伴。

如果对 CEO 做一项调查，让其对与之搭档的 CFO 做满意度评价，大多数的 CEO 可能评价不高。反过来，大多数 CFO 与 CEO 合作时也是如履薄冰。有 CFO 曾恳切地说，如果 CEO 与 CFO 关系欠佳，一定是 CEO 让 CFO 为难了，CFO 又没能让 CEO 如愿，因为相反的情形很难出现。这一描述道尽了 CFO 们的衷肠。

CEO 与 CFO 究竟容易在哪些地方、哪些时候产生矛盾呢？以我与同行们交流的经验归置，矛盾的焦点主要在以下几方面：

（1）“做”业绩，特别是年底绩效考核时，CEO 没干出业绩，却逼迫

CFO“做”出业绩；

（2）少交税，民营企业更多见，CEO 枉顾 CFO 的职业判断，硬性要求所谓的税收筹划；

（3）预算控制，CFO 让 CEO 花钱不那么痛快；

（4）资金管控，CEO 的投资、采购、赊销计划 CFO 不认同；

（5）风险偏好，CEO 与 CFO 对风险收益的看法不一致；

（6）内控建设，完善内控实际是降低了 CEO 的权威，有的 CEO 对此会有抵触；

（7）性格、阅历差异等，也不乏义气之争。

产生上述这些矛盾的原因是多方面的，有宏观层面的原因，如企业处于转轨期的特质；有职业经理人市场发展不均衡的原因，如 CEO 职业市场缺失，CFO 职业定位不明；也有公司法人治理与内控制度不健全的原因；还有 CEO 与 CFO 性格上的原因，如对风险的偏好等。下文将就这些原因具体阐述。

一、CEO 职业市场尚未形成

改革开放以来，我国会计教育得到了长足的发展，国企、民企、外企、事务所这“四驾马车”运载了无数成熟的财务经理人，特别是在 20 世纪 90 年代初，大规模人才流动成为现实，我国的职业 CFO 市场已基本形成。但很遗憾，职业的 CEO 人才市场还未见端倪，原因很简单，国企的 CEO 有些类似行政官员；民企的 CEO 一般是家族式传承；外企数量有限，难以影响大局。

因为 CEO 群体未能实现职业化，导致了这个群体的大部分人对企业理念、法人治理、内部控制、财务管理、风险管控认识不到位，现代企业管理的知识储备欠缺、理念滞后。官本位思想、老板心态、市井气作祟，在企业运营上会偏离 CEO 本位，这时如果 CFO 有心纠偏，可能适得其反。

二、CFO 职业定位不明

有人形容 CEO 与 CFO 是“一根绳上的蚂蚱”，业界公认的二者关系应该是“战略合作伙伴”。“一根绳上的蚂蚱”表明了 CEO 与 CFO 存在共同的利益纽带，“战略合作伙伴”的定位则要求二者相互尊重、相互支持，在沟通中建立互信，达成共识。

西方企业CFO是仅次于CEO的二把手，普遍将CFO视为CEO的后备人选。而我国企业的CFO 80%以上在经营班子中排名最末，只是作为一名懂财务的技术干部而存在。把CFO视同总会计师无疑是降低了CFO的地位。

正因为CFO的地位被有意无意地降低了，加之CFO的局限性，CEO与CFO的对话自然不可能对等。当二者有矛盾时，CFO要么委曲求全，要么一走了之。

三、法人治理结构不完善，董事会虚制

以独立董事为例，“独立不懂事，懂事不独立”的痼疾依旧存在。在公司董事会虚制的前提下，CEO在企业中的权力往往难于监管和约束。仅凭借CFO一人对CEO进行权力的制衡显然勉为其难。

以预算和绩效考核为例，这两者都应是董事会的议决事项。如预算，企业经营班子应根据董事会下达的KPI制定预算并报董事会批准后执行，如果董事会在这一环节不作为，一旦CEO与CFO的预算管理理念不一，针对预算的博弈几乎是无休止的，极为痛苦。绩效考核更为关键，年初董事会制定的KPI如果不系统、不科学，年末考核时如果不客观，上文提到的CEO逼迫CFO“做”业绩的故事将比比皆是。

四、内控不健全，CEO权力无限扩大

到过华为公司的人都会对其严苛的规章制度惊叹不已。这种严格的规程减少了无数的内部摩擦和在其他公司需要权变的智慧。时时、事事律己律人的内控模式减少了员工的无效作业，降低了华为的内部成本。事实上，企业越是规矩繁多，越是执法森严，经营运作反而越简单。

把这一道理放在CEO与CFO身上也是合适的。恰恰是因为企业内部控制不健全，导致CEO提出某种不合规的财务要求时，CFO无据可依，时常要面临非黑即白的两难处境。虽然CFO普遍意识到不应该对CEO言听计从，但绝大多数CFO仍担心与CEO的严重冲突会导致其“下课”。

因股权分散、信息不对称、所有者缺位等诸多原因造成有些外企、民企、国企存在内部人控制和CEO权限不断扩大的现象。完善内控从一定意义上也可看成是抑制CEO权力膨胀的手段。完善内控很重要的一环是分权，通过分权实现权力的制衡。现实中有些国企CEO几乎是一言堂，民企的CEO因为有资本

做后盾表现尤甚。完善内控的举措在多数企业是由 CFO 负责推动的，这样在诸多 CEO 眼中 CFO 就成了分权和掣肘的“政敌”。有这种潜意识作怪，二者的矛盾就成为骨子里的了。

五、CEO 与 CFO 的风险偏好差异

“CEO 是踩油门的，CFO 是踩刹车的”，这一形象化的语言似乎展现了 CEO 一往无前的豪情与 CFO 战战兢兢的敬畏。转换成经济学语言，CEO 是风险偏好者、CFO 是风险厌恶者。这一说法有失偏颇，马云先生有句名言，“CEO 主要任务不是寻找机会，而是否定机会”，在马云眼里 CEO 要做的是不断地规避风险。

当一家企业渡过了草创期转入正轨后，避免投资失误远重于捕捉战机。很多知名企业陷入困境甚至破产，与“踩油门”过度不无关系。如果当时有 CFO 一记棒喝，CEO 又能因此转圜，这些企业的危机或许能够避免。但事实很遗憾，当风险没有明明白白呈现的时候，CFO 们尽管内心不赞成，表决时还是会举手；一部分 CFO 顶住了，却因此得罪了 CEO。

世界上没有完全的风险偏好者，也没有彻底的风险厌恶者，CEO 与 CFO 在风险偏好上的矛盾不是不能调和的。CFO 也没有理由将所有的抱怨发泄到 CEO 身上，量化风险，多进行同理心沟通，“想 CEO 之所想，做 CFO 所该做”，相信二者最终会找到契合点。

六、总结

在企业中要实现 CEO 与 CFO 融洽的战略合作，而不是 CFO 唯 CEO 马首是瞻，尚有诸多功课要做。从宏观层面看，国家需要在《公司法》《中华人民共和国会计法》中强化会计人员的作用，提升会计工作的严肃性；从企业角度看，需要在法人治理结构中形成对 CEO 权力的多角制衡，拒绝“一言堂”，最好实现 CFO 面向董事会负责而不是 CEO 负责；从 CEO 的角度看，需要加强其对公司理念与内控管理的学习，使用权力时长存敬畏、常怀戒惧；从 CFO 的角度看，CFO 需要树立大局意识、长远眼光，在进退之际把握好分寸，在快慢之间控制好节奏，不卑不亢。相信随着企业的不断发展，现代企业法人治理结构中的重要两环 CEO 和 CFO，一定会建立起战略合作伙伴关系。

第九节 子公司的 CFO 为什么难做

子公司 CFO 的工作难度比总部 CFO 的工作难度还要大。为什么这么说？因为子公司的 CFO 兼具双重身份。第一重身份，他由总部外派到子公司，代表总部履行监督职能。第二重身份，他要站在子公司的立场帮子公司 CEO 去完成经营目标，这是他的服务职能。当这两种职能发生冲突时，子公司 CFO 就会陷入困境之中。

一、子公司 CFO 肩负两项职责

子公司的 CFO 和一般公司的 CFO 工作内容大体相同。但子公司的 CFO 有其特殊性，特殊性主要体现在子公司 CFO 的人事关系层面。与一般公司的 CFO 不同，子公司的 CFO 往往由总部招聘，然后委派到子公司工作。这样一来，子公司的 CFO 就肩负了两项职责：（1）他要代表总部对子公司履行监督职能；（2）他本身在子公司工作，自然要配合子公司的 CEO，又有服务职能在里面。

二、子公司 CFO 双向汇报

从工作的汇报关系来看，我们可以把总部 CEO、总部 CFO、子公司 CEO、子公司 CFO 划出两条管理线。第一条管理线是主线：子公司 CFO 向子公司 CEO 汇报，子公司 CEO 向总部 CEO 汇报。第二条管理线是辅线：子公司 CFO 向总部的 CFO 汇报，总部 CFO 向总部 CEO 汇报。在这个管理结构中，总部的 CEO 居于塔尖，总部 CFO、子公司 CEO 都只需对其一人汇报。唯有子公司的 CFO 居于末端，他既需要对子公司的 CEO 汇报，也需要对总部的 CFO 汇报。

三、子公司 CFO 不好平衡利益

从管理原则来看，一个人最好只有一个上级，这样汇报关系和管理线条最通畅。子公司 CFO 在这样的架构中有两个上级。双重汇报关系导致子公司 CFO 角色定位尴尬。这种尴尬主要是由于子公司 CFO 的人事关系和利益关系决定的。

前面说了，子公司 CFO 的人事关系往往留在总部，但是其利益关系往往是在子公司。例如，子公司 CFO 拿多少年薪，拿多少年终奖，多数情况下要与子公司的规模以及子公司的经营业绩挂钩。这样一来，他到底代表谁工作，要听谁的，怎样平衡个人的利益，有时会变得纠结。照顾到方方面面的利益不是件容易的事情，把利益关系都处理好，并不轻松。

四、如何应对子公司 CEO 的非理性要求

子公司 CEO 理论应该按照总部要求行事，实际情况是个人的利益不见得和集团整体的利益总能保持一致，在这种情况下，如果子公司 CEO 有他个人的利益诉求，道德风险、逆向选择难以避免会出现。此时，他需要子公司 CFO 的配合。子公司 CFO 该怎么办呢?

子公司 CFO 如果无原则地配合子公司 CEO，这等于在隐瞒总部做不道德的跟风。现实在于，如果子公司的 CFO 不听子公司 CEO 的意见，而是摆出总部相关规定对抗之，那么往往会干不长。因为子公司 CEO 拥有更多的话语权，可以向总部投诉 CFO 不配合其工作，或者说 CFO 的工作能力不行，不能融入公司文化等。无论哪个理由，子公司 CFO 都可能会因为子公司 CEO 的不满意而被撤换。

子公司 CFO 一味迁就子公司 CEO 也并非就是好选择。子公司 CFO 在处理冲突性事件时总需要有一个度。如果子公司 CEO 很过分，那么 CFO 也不能一味地听从其要求。否则，对总部不好交代，说不定还会有自己的责任。

度怎么把握，就此做个总结吧。只要子公司 CEO 所作所为不违法违规，在不能劝服的情况下，子公司 CFO 应尽量配合。如果子公司 CEO 到了违法边缘，子公司 CFO 就要留心了，不可盲从。很多情形下，子公司 CFO 需要有足够的情商、智商做好平衡。从这点来看，对子公司 CFO 的要求甚至比对总部 CFO 的要求还要高。

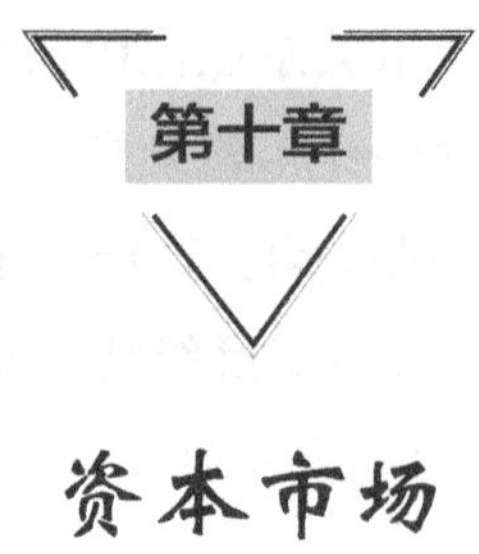

第十章 资本市场

第一节 IPO不能以圈钱为目的

小公司的老板大都想上市，如果动不动就信口表达这一愿望，十有八九企业做不大。上市不过是做大企业的手段，若将之物化成目的，那就是圈钱了。以圈钱为目的去上市，体现的不过是小生意人的精明。创业者没大的格局，企业就不可能独步天下。

企业为什么上市，理论上应该是扩展的需要。如果产品市场占有率已稳定或产能已过剩，企业仍要上市，目的可能是圈钱。上市圈钱，本身就证明老板对企业发展不看好，认为企业未来利润流入不会超过上市的资本流入。试看老干妈的陶华碧，她拒绝了一干人的忽悠，坚决不让老干妈上市，这是真正的自信。

上市是做大企业的目的，还是企业做大的手段？无数创业者大概将之当成目的。上市的好处是什么？从企业角度看，可以获得无需还本付息的资金，可以提升企业知名度与影响力；从个人角度讲，上市可以让企业创始股东财富实现爆炸式增长。对创始人而言，上市既实现了个人财富的增长，又实现了对企业控制财富的增长。于公于私，上市一举可让创始股东双向获益。这大概是企业前赴后继做IPO的主要原因了。

企业上市融资本应是为了扩大或改善经营。但不少上市公司圈钱后却花不出去。这说明钱圈多了，也意味着股权过度稀释了。要是原始股东对企业前景充满信心，他应该更在意股权。如果不惜多稀释股权圈钱，那么等于暴露了原始股东的心虚。紧盯上市公司圈钱后的用途和使用效益，能让人看清这家企业的发展前景。

股东两种收益观的会计解读。

第一种，把企业包装好，找风投圈钱或上市融资。这种收益观瞄准的是资本增值。就为把股权估个好价，股东更关注包装。

第二种，把企业经营好，股东期待每年都能分红。这种收益观瞄准的是现金流与利润。

实际情况是股市“铁公鸡”非常多，大家普遍反感上市公司盈利了但不分红。“铁公鸡”也有无奈，盈利不等于赚钱啊！盈利指会计账面有利润，企业把东西高价卖出就有利润，卖出后收到货款才敢说赚钱了。只有卖了货、收了款、赚了钱，企业才有能力分红。观察一下股市“铁公鸡”吧，看看它们是不是应收账款一大堆，只有利润不赚钱？

公司上市“变脸”，需要对创始股东进行必要的约束。你希望创始人的股权多长时间才可套现呢？我觉得五年较合适，这么长时间应该可以把包装的本来面貌暴露出来了。如果五年后企业业绩滑坡，还应继续延长解禁期。

现在不少企业 IPO 骗了股民，肥了原始股东。企业经营一塌糊涂，原始股东却能轻松套现数千万。这既有悖伦理，又鼓励了投机和短期行为。

第二节　新三板并没有那么美

挂牌新三板，中介费约 200 万元，挂牌后每年的定向费用约 30 万元。财务合规性改造费用多则数百万元，少则数十万元。新三板挂牌的目的是什么？如果老板没想明白，即便挂牌成功，最终也会后悔。因为挂牌新三板达不到他想要的目的，却要为之付出数百万元的代价，此后企业经营还要受到诸多约束，这绝不是理性选择。

挂牌新三板与上市是两个完全不同的概念。上市意味着能圈钱进账，挂牌新三板理论上也存在着圈钱的可能，实际希望渺茫。随着新三板市场流动性的持续萎缩，试图通过挂牌新三板来解决企业发展资金短缺的可能性越来越小。

退而求其次，能卖壳吗？不知何时传出谣言，新三板的壳至少值 2 000 万元，此谣言误导了很多老板。他们想着挂牌成功后，即便企业经营不善，也能有保底回报。实际上呢，新三板的壳并不值钱，原因在于挂牌新三板难度不大，成本不高，借壳的意义自然不大。

对于创业型企业来说，挂牌新三板是要付出一定代价的，代价为三个方面：第一，中介费用；第二，财务规范改造支出；第三，挂牌成功后每年的定向支出。

新三板挂牌费用可分为挂牌前一次性费用、挂牌后按年收取的持续服务费以及权益分派、信息披露义务人查询费等费用。拟挂牌阶段的一次性费用主要涉及企业改制、中介机构尽调、股份登记挂牌等服务。而挂牌后每年需要支付主办券商持续督导、年报审计、法律意见咨询等费用，以及股转系统收取的年费等服务费用。

综合计算下来，挂牌前中介费约 200 万元，挂牌后每年的定向费用约 30 万元。如果进行定向增发融资，还需要支付相关的中介费用。

民营企业上新三板，财务合规性改造需要花钱买规范，花钱的地方主要集中在以下几个方面：

（1）收入没有全额入账，需要补交增值税、附加税、企业所得税等；

（2）企业资金与大股东个人资金不分，需要清理资金占用或补交个税；

（3）补交员工社保、公积金；

（4）费用发票有瑕疵，补交所得税。

要做合规性改造，一要大把撒钱补税，把收入、利润做进利润表；二要大把撒钱给员工补交社保、公积金；三要大股东还钱给企业。为了挂牌的合规性改造费用多则数百万元，少则数十万元。

付出 200 万元的中介费，数百万元的规范化成本，挂牌的结果可能是“僵尸”企业。挂牌新三板不过是做大企业的助力，以圈钱为目的上新三板，体现的不过是小生意人的精明。创业者没大的格局，即便上了新三板也不会有什么作为。

新三板挂牌的目的是什么？如果老板没想明白，挂牌成功后可能会后悔。因为挂牌新三板达不到他想要的目的，却要为之付出数百万元的代价，此后企业经营还要受到诸多约束，这绝不是理性选择。

挂牌新三板，应秉持的心态是强制规范、增强信心、提升形象。

第三节　悲哀的财务合规性改造

财务合规性改造居然成为了一个专业术语，这是一件荒唐的事情，也是一件让会计人心酸的事情。道理上会计人员所做的账目就应该是规范的，是合理合法的。现在提出财务合规性改造，等于承认之前做的会计账都是在糊弄。财务合规性改造是会计的原罪，自证企业的会计账是见不得阳光的。

财务合规性改造是个时髦的话题。企业要走向资本市场，就绕不开它。财务合规性改造说白了就是把以前的乱账理清楚，交给未来的投资人看，给中介机构看，给证监会看。

让人尴尬的地方在于，改来改去，最后成了花钱买规范。以前不规范是为了少花钱，现在要规范，以前的小算计全要付诸流水了。买规范的钱都花在哪了呢，主要是三个方面。

一、出资款

出资款认缴未缴、缴后抽逃的，要先补齐。例如，很多企业注册时，注册资金打进去后很快就被挪走了。等到企业要做IPO，要在新三板挂牌，为引入新的投资者，历史清白就成了必须，出资款不可再空缺。通过无形资产评估出资的，如果资产没有给企业带来应有的收益，也需要用货币补缴出资，相关股东承担连带责任。

二、补税

补税是财务合规性改造的重头戏，要补的税主要为以下三类。

（1）流转税。很多企业有两套账，企业部分收入不做到外账上，钱直接落到老板个人的兜里。这么做肯定存在这部分账外收入的增值税没有缴纳，对应的附加税也没有缴纳。

（2）企业所得税。因为部分收入没有做到账里来，利润自然就缺少一块，企业所得税也少交了；再就是企业费用支出没有发票入账，也涉及纳税调整。

（3）个人所得税。很多老板从企业拿走了钱，长期挂其他应收款。如果不打算还，那么老板拿走时一般不会合法地缴纳个税；挂账不处理自然不行，中介与投资人都不会认可。现在需要消化这些挂账，无论是以工资、奖金还是以分红名目，都需要补缴个税。

企业一旦要面向资本市场，会计账就不能再蓬头垢面、邋里邋遢，都希望把会计报表做得光鲜亮丽。要达到这个目的，就需要把以前没有入账的收入补进来。这样做后，经营体量才够大，利润才够多，才能打动投资者。

一番税补下来，金额一般不会少。财务合规性改造对老板而言，是挖肉补疮，两害之间取其轻。多缴税自然是心痛的，把企业的账做实未必是情愿的，但不得不这么做，因为老板指望着在资本市场上圈到更多的钱。如此说来，补税好像是个钓饵，圈钱是目的。

三、员工社保和公积金

有些企业不给员工上住房公积金，不给全部员工上社保，即便上了，也不按法定要求足额上。财务合规性改造自然对此有要求，那就是按照法定标准，把这部分钱给员工缴足了。

现在企业上新三板比较风行，许多企业前期兴致很高，当测算完合规性改造要支出的金额后，老板可能就蔫了。本来企业能小有盈利，改造完可能年年亏损。从这个角度看，很多企业财务不规范有说不出口的苦衷。

企业经营最大的尴尬在于，如果不把财务做规范了，企业很难做大；如果急于规范，可能会把企业做死。这也印证了本节的主题：悲哀的财务合规性改造。

第四节　关于独立董事制度的几点思考

本节针对我国上市公司独立董事制度存在的独立董事的任职资格规定、独立董事应由谁聘任或派出、独立不“懂事”与“懂事”不独立矛盾、独立董事的薪酬设计等四个问题，一一进行分析探讨。

在大股东（国家）和中小股东对上市公司内部人控制现象监督、制约乏力的情况下，为了完善公司法人治理结构，独立董事制度应运而生。必须声明，这种制度并非我国才有，英美等西方发达国家早已实行，并且已摸索出了一定的经验。本节将在借鉴西方经验的基础上，对我国独立董事制度的几个热点问题进行探讨。

一、独立董事的任职资格

什么人可以担当独立董事？从现在上市公司的实行情况看，独立董事以大学教授居多。探讨独立董事的任职资格问题，有必要先搞清楚独立董事要起到的作用。与当前我国上市公司的“特色”问题相联系，不难发现我国引入独立董事制度要达到的目的无非有两个：

（1）独立董事应能替企业的最大股东（国家或政府）制约代表国家或政府行使所有者职权的内部董事；

（2）独立董事要反映被忽视的中小股东的利益，为他们“呐喊”。

在清楚了独立董事职责的前提下，探讨独立董事是否真正具有任职资格的问题，关键要考虑的因素是“独立”。独立董事的独立性应体现在：与企业的内部董事独立，与企业的管理经营者独立。这种独立不仅应是形式上的，还应是实质上的。

独立董事作为董事会的重要成员，担任着企业的战略规划和决策的重任，他们将不仅是来自某一领域的专才，更是人格独立、重视信用、勇担责任的人。这一描述既反映了对独立董事能力方面的要求——某一领域的专才；又反映了对独立董事责任方面的要求——人格独立、重视信用、勇担责任。

能力要求是硬指标，可以衡量、必须达到；责任要求是软指标，很难进行合理确定。如果仅考虑第一个要求，在现阶段除了高校老师外，我国的注册会计师、执业律师、社会研究机构的研究员、金融中介机构的资深管理人员以及在大公司任职多年的高级管理人员等都可以成为独立董事的来源。

但上述人员具备的仅是“能力”资格，在没有办法恰当衡量“责任”资格的情况下，为避免独立董事演变成“灰色”董事，对有“能力”资格的人员担当独立董事进行适当的限制是完全必要的。

纵观国外对独立董事任职资格的要求，从1994年开始，加拿大多伦多的证券交易所的独立董事任职资格采用列举法；而美国许多机构投资者包括美国著名的加州公务员服务系统和机构投资理事会均采用类似排除法。

我国对独立董事的任职资格现在尚未有明确的法律意义上的规定，在现实中，被聘任的独立董事多是某一方面的专家、学者。对于这些人的能力问题毋庸置疑，但专家、学者们是否真正有精力履行他们的独立董事职责，却不容乐观。

我国上市公司独立董事的任职资格究竟应如何规定，我的观点是将美国的排除法和加拿大的列举法合而用之。具体的做法是，先列举出可以担当独立董事的人员资格，然后一一列出这些人员自身存在的不适合担当此任的事由，让独立董事的资格规定一目了然，以利于操作。

参照国外做法，本文将有“能力”资格的人员不适合担任独立董事的敏感事由罗列如下：

（1）亲属在该公司工作；

（2）与该公司的重要雇员（主要管理人员）有亲戚关系；

（3）受雇于公司或对公司提供管理咨询服务；

（4）以前是该公司雇员且离职未满两年（或三年）；

（5）与公司直接或间接存在金额超过一定限度的交易关系；

（6）其工作单位与该公司之间有互利式或受益式的经济往来；

（7）持有该公司的股票或所持股票数在一定的限额以上。

如果符合独立董事任职“能力”资格的人员具有以上事由，则应被排除在独立董事人选的考虑范围之外。这就是本文所说的独立董事任职资格列举法与排除法合二为一。

二、独立董事由谁聘任

企业的董事会成员应当有三分之一以上为独立董事（其中应当至少包括一名会计专业人员）；如果上市公司董事会下设薪酬、审计、提名等委员会的，独立董事应当占有二分之一的比例。

要使独立董事真正做到“名副其实”，认真分析其应由谁提名、推荐很有必要。国外成熟公司的董事会下面一般设有独立董事占多数的提名委员会，或称组织委员会、治理委员会，该委员会就董事会规模和构成向董事会提出建议，向董事会提名新的独立董事候选人，确保整个聘任程序公正、透明。

当前，我国上市公司聘任独立董事的一般做法是由董事会、监事会提名。这种提名方式缺点较多。独立董事的主要职责是对上市公司及全体股东履行诚信与勤勉义务，维护公司整体利益，尤其是关注中小股东利益。独立董事要真正履行其职责，独立于内部董事是一个基本前提。独立董事既应保持实质上的独立，又应保持形式上的独立。如果独立董事由董事会、监事会提名，其实质上的独立姑且不论，至少没有保证形式上的独立。

我国上市公司独立董事比较合理的提名、推荐方式可以有以下三种：

（1）考虑由那些在股东会中不拥有董事席位的股东来选择和决定独立董事的产生；

（2）由政府部门招聘后委派；

（3）在法人治理结构比较完善的公司，尤其是监事会的作用发挥比较明显的公司，也可采用监事会提名方式。

需明确的是，对于以上方式，都不应该是长远的打算，而只能是一种过渡性的方式。因为这些方式每一种都有其内在缺陷。

若采用第一种方式，中小股东中只怕很少会有人热心参与此事；如果中小股东参与人数不多的话，被选取的独立董事将缺乏代表性。

若采用第二种方式，立刻就会给人一种政企不分、政府行政干预的感觉，这是大家所不愿看到的。

采用第三种方式，首先一个缺点在于它的适应面很小；其次对哪些公司能达到规定的要求也很难判断，可操作性差。

鉴于此，在采用过渡性方法选择独立董事的同时，有关部门应抓紧考虑长远的方法。要么建立提名委员会；要么将独立董事职业化，由政府批准建立“独立董事协会”或“独立董事事务所”之类的法人机构。把独立董事的自然人责任转化为法人责任，由法人组织对独立董事的行为加以约束、规范。

三、独立不“懂事”与“懂事”不独立

独立董事的独立性要求其不能在企业任职，不能担任企业的实际管理职务。目前，上市公司聘任独立董事时多注重的是其名望和社会影响，而把是否为公司经营和运作发挥实际作用放在次要位置。多家企业甚至争聘同一位专家、学者担任企业独立董事，在事实上把独立董事变成了名誉职务。这些现象清楚地暴露了独立董事是否真正“懂事”的问题。

如果找出一条合理途径保证独立董事实质上和形式上的独立还不甚难办，那么要确保独立董事真正“懂事”将不啻于一个难题。独立董事成为“花瓶董事”“人情董事”“御用董事”的现象不在少数。究其原因，独立董事不能真正起到其应有作用既有主观方面的因素，又有客观方面的因素。

在主观方面，担当独立董事的人员往往是某一方面的专家，工作比较忙，没有足够的时间精力深入了解企业情况，难以真正完成独立董事的工作负荷。

在客观方面，独立董事一般为企业的管理者所聘任，在与内部董事决策不一致时，很难抹下情面提出否决意见；另外，在内部人控制的企业，企业的一般管理者对独立董事往往是敬而远之，让独立董事难以了解真实情况。

换一个角度想，假如独立董事亲自到企业了解情况，变得真正“懂事”，另一个问题又会浮现出来：“懂事”不独立。上市公司内部人控制现象严重，如果独立董事能够从内部人控制的上市公司中了解到实质性的问题，可能性有两个：第一，独立董事制度已经真正的生效了；第二，独立董事与企业的内部人已打成一片。就第一种可能来看，有些企业尚未达到；而第二种可能会给人以独立董事与内部董事合谋的感觉。

从现阶段来看，既要解决独立不“懂事”的问题，又要解决“懂事”不独立的问题，只怕还没有可行的途径。要真正解决这两个对立性的矛盾问题，只能等到独立董事制度逐渐完善之后。

四、独立董事的薪酬

责任和报酬对等是任何劳动付出的必然要求，在制度规定中独立董事的责任重大，事务不少，其履行职责的动力何在，究竟靠什么来激励独立董事，这是值得深究的问题。车马费、美誉度，独立董事同样需要激励机制，这既包括薪酬，也包括为其提供良好的工作条件等。没有激励，很难激发独立董事的工作激情；而激励不当，将会导致比没有激励机制更坏的效果。

我国企业目前普遍采用固定年薪的办法作为独立董事的薪酬激励，这种方法操作简单。但其不足也十分明显，那就是它未能与独立董事的工作绩效挂钩。一方面，独立董事干与不干一个样，干好干坏一个样，实际上这种做法并没有起到真正意义上的激励作用；另一方面，如果因为决策错误要追究独立董事责任的话，这种激励方式极易导致独立董事不作为，比如在表决时，独立董事总是作出保留意见的决定。

针对我国上市公司对独立董事激励制度的不足，参照国外做法，我认为独立董事的薪酬支付可以采用以下两种方法：

（1）固定薪酬加公司利润分红；

（2）固定薪酬加股票期权。

第一种做法解决了对独立董事真正有意义的激励问题。但又可能产生另外一个问题：独立董事与内部人合谋，夸大企业业绩，谋求个人好处。如果出现这个问题，后果将是非常严重的。

第二种方法理论上规避了第一种方法存在的问题，但这种方法的可操作性还需探讨。股票期权在我国尚为一个新事物，其具体运作还需要许多相关配套“条件”的完善。

对独立董事的激励采用固定年薪加股票期权的做法，还存在很多要考虑的问题，如期股的配置数额、期股流通的时间限制，等等。现在试行独立董事薪酬制度，一种比较合理的做法是先采用第一种方法，在条件允许的情况下逐渐向第二种方法过渡。

第五节 股权激励的操作办法

股权激励需解决的核心问题共有四个：一、何时给？二、给谁？三、给多少？四、怎么给？说白了就是什么时间以什么价格给什么人多少比例的股权。股权激励的目的是让员工分享企业未来的红利，不是为企业解决困难。股权激励方案一定要考虑企业所处的发展阶段以及被激励对象的感受。否则，容易搞成负激励。

作为对员工的一种激励方式，股权激励已经得到了普遍的认可。股权激励怎么操作呢？企业应重点关注以下四个问题。

一、何时给

很多老板总想着在企业经营困难的时候给员工股权激励，冀图员工与企业共渡时艰。这种想法站在老板的角度无可厚非，但站在员工的角度，就值得思考了。企业困难时给员工股权激励，员工未必愿意接受。此时的“激励”有名无实，员工看不到希望，看不到前景，甚至会觉得企业这时候给股权是在给他们下套。

那什么时候做股权激励好呢？建议选择在企业发展前景较好或者比较成功时，让员工要么有一个好的预期，要么直接受益。

二、给谁

华为的做法是全员持股，认可华为价值观的优秀员工都有可能获得股权激励。多数企业做不到这么极致，股权激励往往只能针对干部、骨干员工进行。干部定在什么级别，骨干如何评定，占企业总人数的比例是多少，这是需要详细规划的。如果设计得不好，可能会伤害一部分员工。说白了，解决给谁的问题需要有眼光识别出对企业未来发展有助益的人。

三、给多少

拿出多大的股权比例与员工分享，没有参考值可言，比例高的可达 90% 以上，华为公司能占到98.6%；少的能占到10%~15%。多与少是相对的，关键在于要让被激励对象有获得感。股权激励是给员工一个预期，这个预期如同画饼，饼太小是达不到激励效果的。饼画多大，需要综合考量，既要看员工的薪酬收入，也要看员工的市场价值。如果员工现有薪酬有所亏欠，那么股权激励不妨大一些，以期未来弥补。

四、怎么给

股权激励怎么给？说白了就是股权如何定价。有些企业搞股权激励，希望员工能拿钱出来购买企业股权，解决企业资金缺口。如果老板抱着这样的想法搞股权激励，十有八九会把员工吓跑。员工也不傻，他们希望获得的股权是一种奖励，而不是自己掏钱做投资。如果员工自己掏钱，与做风投何异呢？

对于股权如何定价，先要看企业所处的发展阶段。如果企业处于创业期，没有形成成熟的产品，未来前景渺茫，这个时候送干股可能是最恰当的股权激励模式；如果企业已经走上正轨，准备进一步走向资本市场，可以参照股权净值定价；如果企业上市了，可以参照资本市场定价。

股权激励怎么给，要看员工愿不愿意接受相应条件。如果员工接受不了，强推股权激励会事与愿违。上述股权激励要考虑的四个方面如果都解决好了，会对企业发展起促进作用；如果考虑不周，只是站在老板角度设计方案，则很可能会做成负激励。

第六节　谁是上市公司真实会计信息的需要者

我们总在说会计信息失真，为何会失真，一定是为了迎合某些人的需要。会计信息的需求群体很多，因为利益诉求不同，并不是每个群体都需要真实的会计信息。本节详细分析了谁是真实会计信息的需要者。

从供给需求理论来看，之所以存在这么普遍的会计信息失真问题，是因为市场上有大量假信息的需要者，刺激了虚假会计信息的供给。反推，谁是上市公司真实会计信息的需要者呢？

一、上市公司主要的会计信息需要者

在分析上市公司真实会计信息需要者之前，有必要思考谁是上市公司主要的会计信息需要者。考虑不同的利益关系，我认为上市公司会计信息的主要需要者大致可分为七类：

（1）政府及政府部门，包括中央政府、地方政府、财政部门以及税务部门等；

（2）企业所有者，包括大股东、中小股东；

（3）企业高级雇用群体，包括独立董事、企业咨询顾问以及管理顾问等；

（4）企业员工，包括高层管理人员、中下层管理人员以及一般职员；

（5）企业债权人，包括各大银行、往来客户以及其他债权人；

（6）企业潜在利益相关者，包括潜在债权人、潜在投资者以及潜在往来客户；

（7）企业竞争对手和合作伙伴。

二、真实会计信息的需要者分析

如果要对谁是真实会计信息的需要者做出一个回答，问题将会困难得多。就上述七类主要会计信息需要者而言，若逐一进行分析，我们会发现他们对会计信息真实性要求的层次各不相同，甚至各类需要者中不同群体之间也会有不同心态。

1. 政府及政府部门

政府及政府部门需要真实的会计信息，但完全真实的信息是否会带来负面影响是让决策者们关注的事情。

2. 企业所有者

如果以是否参与执行董事会决策为标准，将大股东细分为外部大股东、内部大股东，就股东对会计信息真实性的认可度而言，外部大股东才是需要真实会计信息的企业所有者。从应对债权人、潜在债权人、潜在投资者的角度看，中小股东与内部大股东的利益是一致的。

3. 企业高级雇用群体

对于企业高级雇用群体而言，无论是独立董事还是企业管理咨询顾问，他们主观上都需要真实的会计信息，但他们对真实会计信息的依赖性却又不是很强。

4. 企业员工

企业员工更倾向于需要粉饰过的会计信息，企业良好的业绩不仅是高管人员能力的表现，也是其身价的体现。与此类似，对中下层管理人员和一般职员而言，就业于一家经营状况良好的企业，也是一种身份的象征和值得炫耀的资本。

5. 企业债权人

对企业债权人这类会计信息需要者而言，如果不考虑国有商业银行“宁挂勿烂”的心理，债权人是比较希望得到真实会计信息的。因为这不仅关系到资金到期能否收回，也会影响债权人进一步的借贷意向。

6. 企业潜在利益相关者

就潜在利益相关者而言，他们与债权人一样需要获取尽可能真实的会计信息，决定下一步的借贷意向。如果他们所得到的会计信息经过粉饰，可能会直接造成呆账、坏账，这无疑是他们所不愿看到的。如果将潜在投资者细分为投资者和投机者两类，投资者更关注企业长远利益，因而会对即期会计信息的真实性较为关心，因为投资者必须对他的投资负责。投机者则不然，他们更需要一个大起大伏的涨落，便于打价格差。相较而言，经过粉饰的会计信息往往能给他们提供这样一个机遇。

7. 企业竞争对手和合作伙伴

无论是企业竞争对手还是合作伙伴，虽然他们的利益动机不同，但可确信他们都是真实会计信息的需要者，因为真实的信息是他们进行相关决策的依据。

通过上文的分析，可以得出一个结论，外部大股东、独立董事、企业顾问咨询人员、债权人、非投机的投资者、潜在投资者、潜在债权人、企业往来客户、合作伙伴和竞争对手才是上市公司真实会计信息的需要者。

第七节　上市公司的审计委托权应属于谁

本节提出了由真实会计信息需要者委托审计这一命题，并从充分性、必要性和可行性三个方面进行了论证。对充分性的分析是为了说明结论的合理性；对必要性的分析是为了表明所得出的结论是否是解决会计信息失真与审计监管失效问题的客观需要；对可行性的分析是为了证明命题的现实可操作性。

当前，将上市公司审计委托权赋予独立董事审计委员会能否确保独立审计监督的有效性，在理论上和实践上都还有待证实。如果换一种思路：要使得审计委托人真实履行职责，其应是真实审计报告的需要者；而审计报告在相当程度上是对会计信息真实性的鉴别。也就是说，对真实会计信息的需要是审计委托人真实履行审计委托职能的前提。由此，如何从制度上对上市公司审计委托模式进行革新就是本节要系统阐述的问题。

一、审计委托权应属于真实会计信息需要者

由真实会计信息需要者委托审计不是指将上市公司审计委托权赋予全部的真实会计信息需要者。事实上，各类真实会计信息需要者的利益与信息真实性的相关度强弱各不一样，由弱利益相关者参与委托审计或其他表决，“搭便车”几乎难以避免。从理论上讲，能够参与委托审计并能尽心履行委托职责的真实会计信息需要者应具有以下特征。

1. 对真实会计信息需求强烈，并与其利益高度相关

只有符合这一要求，才能确保委托人有强烈利益动机对审计工作进行监督。从利益相关性程度来看，外部大股东、债权人、潜在投资者、潜在债权人、企业主要往来客户、合作伙伴和竞争对手都具有这一特征。

2. 与上市公司具有现存的利益契约

这一特征是确认审计委托人资格的可行性标准。潜在投资者、潜在债权人不存在与企业现存的利益关系，对他们进行资格鉴定成本非常高，显然将他们

界定为审计委托人是不合适的。

3. 上市公司与真实会计信息需求者之间的利益正相关

竞争对手之间的利益关系是负相关的，无论是从财务保密原则还是市场竞争要求来看，上市公司竞争对手都不能充当审计委托人。

综上所述，具备这些特征的真实会计信息需要者包括外部大股东、债权人、企业主要往来客户、合作伙伴等，由他们参与委托审计无疑是合适的。对于另一个重要群体——独立董事，如果以上述三个特征进行衡量，他们并不适合充当审计委托人。但独立董事作为内部董事的制约者和中小股东的代言人处于比较关键的位置，完全由独立董事或由独立董事为主委托审计难以解除人们对独董参与合谋的顾虑。即使在美国，独立董事不独立也是一个普遍存在而又难以解决的问题。在目前公司治理比较倚重独立董事的情况下，让一定数目的独立董事加入由真实会计信息需要者形成的审计委员会是合适的。

二、审计委托权属于真实会计信息需要者的充分性分析

由真实会计信息需要者取代股东委托审计是一个扬弃的过程。从历史延续性来看，“上市公司审计委托权属于真实会计信息需要者”并不是对“独立审计起源时审计委托权属于企业财产所有者（股东）”这一命题的简单否定，它的哲学内涵是扬弃。以“真实会计信息需要者”替代“财产所有者”作为企业审计委托人固然是一种理论创新，但这种创新所造就的新理论与旧理论是兼容的。从独立审计的起源看，当时的企业财产所有者（股东）同时也是真实会计信息的需要者。就此而言，审计委托权应属于真实会计信息需要者是对审计委托权归属于股东理论的发展。旧理论是新结论的基础，新理论扩大了旧理论的适用范围。

只有真实会计信息的需要者才是真实审计报告的需要者。当股东中的绝大部分已不再关注会计信息的真实性，甚至热衷于粉饰会计报表的时候，作为一个整体，股东对审计报告真实性的关注程度已经减弱了。审计报告对更多的股东而言，只是应付其他会计信息需要者的证明材料，于其自身则是可有可无的东西。客观上，仅仅那些比较倾心于真实会计信息的企业利益相关者才可能对审计报告的真实性有较高的关注度。因为在某种意义上审计报告是对企业会计

信息真实性的一种检验。换言之，只有真实会计信息的需要者才是真实审计报告的需要者。

由真实会计信息的需要者委托审计能加强对注册会计师审计工作的监督。当审计委托人更希望得到真实的会计信息时，必然会关注审计工作，重视注册会计师工作的质量。这种关注实质上加强了审计委托人对注册会计师工作的监督。对比监督有力和监督乏力两种情形，我们有理由相信由真实会计信息需要者委托审计要胜于由股东委托审计。

由真实会计信息的需要者委托审计会加大企业内部人的贿赂成本。主观上，独立董事也是企业真实会计信息的需要者，但完全由独立董事审计委员会委托审计却并非最优选择。原因在于独立董事与真实会计信息之间的利益相关性较弱，容易被企业内部人收买。设想如果让企业审计委员会多元化，吸纳各类的真实会计信息的需要者参与，必将加大企业内部人会计作假的贿赂成本。

三、审计委托权属于真实会计信息需要者的必要性分析

将上市公司审计委托权赋予真实会计信息需要者有利于资本市场的发展。会计信息失真是长期以来困扰我国资本市场发展的顽疾，解决好上市公司审计委托权归属问题，找出适宜的审计委托人，无疑是解决会计信息失真问题的重要途径。实现债权人、企业主要客户、合作伙伴参与委托审计，这等于向市场发出了一个信号，在对上市公司进行资本投资和债券投资时，存在一个或多个可以信赖的跟进对象。由此可让资金供给者有更为稳定的预期，这样资本市场才可能真正活跃。

由真实会计信息需要者委托审计有利于市场稳定。真实会计信息需要者中也有企业的主要往来客户和合作伙伴，让他们也参与委托审计对于畅通企业间的业务往来和供销渠道大有裨益。将这一设想付诸实践，也可为商家信誉危机和三角债问题的解决提供一种思路。

由真实会计信息需要者委托审计有利于强化上市公司治理结构的制衡。上市公司内部人控制并不仅仅是国有股一股独大情况下的一种扭曲，从发展的前景来看，随着股权的不断分散，内部人控制也是一种趋势。在内部人控制情况下，引入独董制度并不能十分有效地监督内部董事，这是由独立董事的弱利益相关性决定的。独立董事可能被收买，且自身缺乏内部监督，形成了治理结构

新的软肋。而将审计委托权赋予全部的真实会计信息需要者，对独立董事而言也是一种制约。

由真实会计信息需要者委托审计有利于注册会计师行业发展。由董事会或独立董事委托审计，注册会计师可能受胁迫与内部人合谋舞弊，从而被其“俘虏”，难以做到真正独立。如果能通过改变审计委托关系，使得注册会计师能与企业内部人真正独立，这无疑能免除注册会计师担心得罪内部人而失去客户的顾虑。若如此，我们有理由相信注册会计师在执业中更公正。在某种程度上这也限制了会计师事务所之间不讲质量的恶性竞争，净化了注册会计师的执业环境。

四、由真实会计信息需要者委托审计的可行性

遵照成本效益原则，部分真实会计信息需要者有动机履行委托审计职能。真实会计信息需要者是否有动机参与委托审计是这一设想能否转化为现实的关键一环。如果以成本效益原则进行考核，可以确认当真实会计信息需求者参与委托审计的成本小于他们获取真实会计信息所得到的收益或避免的损失时，参与委托审计是理性决策。真实会计信息需要者参与委托审计，除财务成本外，还要花费一定的时间和精力。就一些外部大董事、大债权人和合作伙伴而言，获取真实会计信息所能得到的收益要远远大于这些成本。从这一点看，不难断言由真实会计信息需要者委托审计存在可行性基础。

由真实会计信息需要者委托审计有利于实现企业理财目标。现代理财学对理财目标的探讨已实现了由“股东财富最大化”到“企业价值最大化”的演变。姑且不论这两大目标之间的异同，考察我国上市公司会计信息失真的基本状况不难发现，上市公司会计造假大都表现为虚增资产、虚报利润，考虑税收因素，这类会计行为与“股东财富最大化”和“企业价值最大化”都是相悖的。从这一角度看，可以认定由真实会计信息需要者委托审计，加强审计监管有利于实现企业的理财目标。

由真实会计信息需要者委托审计不会加大企业审计成本。从企业成本角度考虑，由真实会计信息需要者委托审计除去增加必要的会务费、交通费以及接待费用外，聘任事务所的审计费用大致不会有太大的变化。换言之，审计委托人的这种转变与审计成本的增减无关。

由真实会计信息需要者委托审计不会干扰企业日常事务。“审计三角”体现了审计委托人、审计人、被审计人之间的制衡关系。这种关系是确保审计监督有效的必要条件。现在普遍存在审计监管失效的根本原因就是“审计三角”扭曲为直线，由真实会计信息需要者委托审计将是审计三角关系的重建。将真实会计信息需要者作为审计三角的一方，在人格上可以保证其与另两方的独立。也就是说，真实会计信息需要者在委托审计的同时不会干扰企业日常事务。

五、小结

在对上市公司真实会计信息需要者细分之后，本节从充分性、必要性和可行性三个方面分析了由真实会计信息需要者委托审计的合理性。但如前文的结论，仅外部大股东、债权人、企业主要往来客户、合作伙伴及独立董事这些真实会计信息需要者，才适合参与委托审计。具体的操作办法是，由企业与之的利益关系确定一个量的标准，从中选取一些与企业利益高度相关的真实会计信息需求者组成审计委员会，由该审计委员会委托审计。

第三部分

税收筹划

税务工作时刻处于矛盾之中，风险与税负如影相随，如何平衡关系到财务工作风险的大小。

会计人总爱调侃自己的职业风险大，风险究竟大在哪里呢，只怕一多半都在税务问题的处理上。站在税务的角度，强调遵从性；站在企业的角度，需要降低税负。这两方面的要求很大程度上是矛盾的，这就决定了税务工作的复杂性。要做好税务工作，应先做到洞悉税法、清楚红线，然后才是积极思考，灵活变通。

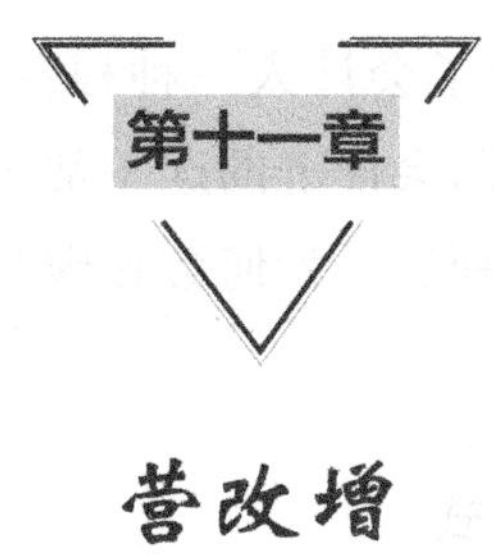

第十一章

营改增

第一节　增值税为何没有在利润表中体现

“为什么增值税没有出现在利润表中，企业实实在在支付了增值税，难道不是成本的一部分吗？增值税不影响利润吗？”这个问题表面上看很简单，但仔细一想，你会发现想解答清楚并不容易，因为增值税的表现与观感有很大的反差。

一、增值税的设计

增值税在设计时，名义上需由消费者承担，但对最终消费者（主要是个人）而言，他们消费时对“价”与“税”的差别是不敏感的；对于销售方而言，“价”与“税”合计起来构成了合同总额，但只有“价”能形成销售收入，“税”形成对税务的负债（增值税销项税）。从这个角度讲，增值税销项税在形式上表现为企业向消费者代收税款，然后按期返还税务。

企业在缴纳增值税时，并非要上缴全部的“代收税款”，它存在一部分可抵扣金额。这部分可抵扣金额就是企业购置资产以及发生成本费用时的进项税。

在会计科目设计上，增值税不像所得税，它在负债类科目“应交税费——

应交增值税”科目核算。这给了会计人一种根深蒂固的理解，增值税不是费用，它不会影响企业的利润。而会计上的这一常识，却与人们对增值税的观感不一。如果增值税不影响企业利润，为何会有虚开增值税发票，偷逃增值税的违法行为呢？

二、增值税影响利润的方式

增值税并非不影响利润，只是它对利润的影响拐了个弯，是间接的。它通过影响资产负债表的资产负债淡化了直接影响利润的色彩。增值税对企业利润的影响可体现在以下几方面。

1. 收入减少了

如果没有增值税，合同额即收入，有了增值税后收入额缩水了。对比一般纳税人与小规模纳税人就容易理解了，100 万元的商品销售合同，一般纳税人能确认收入 85.47（100 ÷ 1.17）万元，小规模纳税人能确认收入 97.09（100 ÷ 1.03）万元。

2. 成本费用减少了

因为购置资产及支出成本费用时有增值税进项税，这部分增值税进项税可用于抵扣，这等于降低了成本费用。

3. 附加税的二次影响

缴纳增值税会影响附加税的计算，附加税直接体现为利润表中的费用，自然会影响到企业的利润。

4. 坏账的影响

企业在确认收入时要相应地确认增值税销项税，收入与增值税销项税都体现在应收账款科目之中。不管应收账款是否能收回，增值税都必须如期缴纳。如果应收账款（收入 + 销项税）最终被确认为坏账，其中企业确认的销项税等于被认定为费用了。

5. 视同销售与进项税转出的影响

视同销售是税务把成本费用当收入看，要从中抠出一块当作增值税销项税，等于减少了成本费用。进项税转出是税务不认可成本费用用于纳税项目，不允许进项税纳入抵扣，这等于加大了成本费用。

第二节　增值税并非只对增值额征税

增值税并非只对增值额征税。单位产品成本60元，卖100元，增值额为40元，理论上增值税应只对这40元征税。但现实的做法走样了，在这60元的成本里面，人工成本、无进项的材料成本与制造费用最终都被算作了增值额。这等于变相扩大了税基，按“销项税减进项税”模式征增值税是有悖于设立增值税初衷的。

20世纪50年代，法国税务总局局长莫里斯·洛雷（Maurice Laure）设计了增值税。为了保证当年法国政府的财政收入，这位“天才”的税务官创造了这一新的流转税种。此税一出，税务征税更为强硬。不管企业挣不挣钱，只要做了生意就得交税；也不管生意做成后企业有没有收到回款，税一刻也不得拖延。

增值税的本意是对增值额征税，何谓增值额？从理论上讲，指的是从销售额中扣除当期购进商品与劳务的价值差额后余下的价值量，即企业或个人在生产经营过程中所创造的那部分价值。

一、生产环节与流通环节的增值额

从商品的流通属性看，商品从制造到最终由消费者购买可分两个阶段：第一个阶段是商品的生产环节，第二个阶段是商品的流通环节。

第二个阶段增值额比较好计算，就是商品的销售价差。流通环节表现为贸易行为，增值税只需对销价高于进价的部分（即毛利）计税。举一个例子，企业购进一台价值600万元的设备，最后作价以1 000万元卖出去，增值额就是400万元，400万元乘以税率，就是它应交的增值税。可见在流通环节，增值税的计征比较符合增值税的定义。

第一个阶段增值税的计算要繁杂一些。一方面，理论上商品的售价减去商品的生产成本视为增值额。现实中对于生产阶段来说，按照增值额计算应交增值税不易操作，而且税务对增值额的理解并非如此，它根据国情、政策要求，在增值额中增加一些斤两。另一方面，生产环节的收入成本不可能有流通环节的收入成本那么清晰、一一对应的关系。例如，原材料对应到哪一单销售上面了，谁能说得清楚呢?

二、销项税减进项税的计征模式

鉴于此，税务给出了一个应纳增值税的计算方法：将每一单采购或成本费用支出核算一笔进项税，将每一单销售核算一笔销项税，最后用所有的销项税减去进项税，以此算出应纳税额。分析这样的计算模式，我们很容易知道，增值税并不是按照增值额计算的，它是按照销项税减进项税算出的。销项税减进项税算出的结果与按照名义增值额算出的结果是有差异的。

如果不考虑期间费用因素，我们可以举个例子分析：

【例 11–1】某企业卖出一件产品，售价 120 元。产品的成本由三部分构成：直接材料 30 元，直接人工 30 元，制造费用 27 元。制造费用含水电气暖费 3 元，能源费 5 元，设备折旧费 10 元，人工薪酬 2 元，日常费用 5 元，其他费用 2 元。算下来，销售毛利是 33 元。

这一单产品的销售，相关计算如下：

销项税 =120 × 17%=20.4（元）

进项税 =（30+3+5+10）× 17%=8.16（元）

应纳税额 =［120-（30+3+5+10）］× 17%=12.24（元）

上述计算结果，如果换算为按增值额计征增值税，增值额 = 销售毛利 33 元 + 直接人工 30 元 + 制造费用中无进项税的成本 9 元，共计 72 元。

三、法定增值额的计算

法定增值额 = 毛利 + 不能取得进项税的成本费用

通过这样一个计算过程的对比，我们就知道了销项税减进项税计征增值税的模式实际是放大了增值额。计税的增值额是税务人为认定的增值额，它会大于毛利润，增值额高出毛利润的部分就是成本费用中不能取得进项税的金额。

第三节　营改增之最

营改增之最：（1）最开心的群体——小规模纳税人；（2）最伤心的行业——建筑业；（3）最有受益前景的行业——房地产业；（4）最大的亮点——不动产纳入抵扣范围；（5）最遗憾的政策——贷款利息不纳入抵扣；（6）最失落的事——找不到进项票；（7）最期待的事——国地税合并。

一、最开心的群体：小规模纳税人

营改增后究竟谁减税了？说明如下：

（1）原来交营业税的小微企业，变成了增值税小规模纳税人，由 5% 的价内税变成 3% 的价外税，降税幅度高达 41.75%；

（2）存在较多内部服务的集团型企业，以前服务性收入交营业税，改增值税后进项可抵扣了，真正做到了避免重复纳税；

（3）有机会取得较多进项税票的原营业税纳税人；

（4）原来的增值税纳税人，营改增后，有机会获得更多进项税用于抵扣。

二、最伤心的行业：建筑业

营改增后建筑业一下子由营业税 3% 变为增值税 11%，是所有行业里税率增幅最大的。考虑到新老项目的衔接，政策规定老项目可按照 3% 的税率实行简易征收，简易征收税率未变，但由价内税改为价外税，税负实际减轻了。这等于是国家让利给建筑行业，以期尽快推动营改增的进程。

等到老项目做完了，新项目就要接受新的纳税规则了。问题的关键在于有没有足够的进项税。建筑施工企业人工费占总成本的 30%~40%，这部分成本没有增值税专用发票，材料采购占总成本的 40%~50%，大多数建筑施工企业的材料采购都是就地取材、个体供应，目前很难做到全额抵扣；有些建设项目商品混凝土费用占主要业务成本的 20% 以上，混凝土在很多地方是免税的；另外，不同材料进项抵扣的差异也很大。

考虑到建筑施工租赁设施、部分采购可获得进项税票，综合附加税、企业所得税，预计建筑业综合税负将增加一个点。从长远来看，建筑业会把增加的税负转嫁给房地产业。

三、最有受益前景的行业：房地产业

房地产业营改增后名义税率由 5% 增加到 11%（折为价内税 9.91%），但房地产业利好条件较多：

（1）计算增值额时会先减去受让土地的价款，这等于削去了一大截纳税基数；

（2）房地产业进项较多，甲供材料的进项是 17% 的税率，建筑商的进项税率为 11%。

如此一来，营改增后房地产业占尽便宜，综合考虑附加税、企业所得税的影响，房地产业总体税负的降幅超过两个点。

未来建筑业会把税负损失转嫁给房地产业，处于上下游的这两个行业一平均，综合税负应该能大体持平。

四、最大的亮点：不动产纳入抵扣范围

将不动产纳入进项抵扣是国家税务总局继将机器设备等固定资产纳入进项抵扣后的又一次突破，这也是政府在推动营改增过程中释放出的一大诚意。增值税的抵扣链条进一步完整，企业能从中获得实实在在的利益。

五、最遗憾的政策：贷款利息不纳入抵扣

营改增后，企业银行贷款利息涉及的进项税能抵扣吗？答案是不能。原因可能是：

（1）如能抵扣，会减少国家税收，还需考虑财政的承受力；

（2）企业银行存款利息不用交增值税，体现了对等；

（3）银行资金成本不易获得进项税票。

综合下来，金融业增值税的抵扣链条中断了，但银行自身采购、基建、日常费用等方面的进项税能用于抵扣。

六、最失落的事：找不到进项税票

企业想在营改增的过程中获益，一要看所处行业，二要看企业能否获得足

够多的进项税票。对于以人力成本为主要成本形态的企业而言，获取进项税票并不容易。营改增解决了后端企业重复征税的问题，却未解决前端企业无进项税可抵扣的问题。营改增企业大部分从事服务业，成本构成以人工成本为主，能取得增值税进项的机会不多。人工成本不计算增值税进项，等于对前端企业收入全额征税。

七、最期待的事：国地税合并

试行营业税改增值税后，地税局顿时冷清了许多，因为主要税源被国税“拿”走了。企业还是要报两套税表，只是给地税局的那套申报表的内容不多了。期望未来国地税合并，为企业工作量减负。

第四节　如何理解营改增后税负“只减不增”

营改增的三个关键词：（1）两扩，扩大了增值税的增收范围，扩大了增值税进项的抵扣范围，亮点是不动产纳入抵扣；（2）两促进，促进了服务业优先发展和制造业转型升级，促进了现代增值税制度初步定型；（3）两兼顾，兼顾行业税负的特点，确保只减不增，兼顾财政承受能力，确保财政支柱屹立不倒。

一、“只减不增”的层级

税负“只减不增”体现在两个层级上，一是国家的整体税收只减不增；二是各行业的税收只减不增。对于特定企业，能否一一做到税负只减不增，或者对于特定企业的单项业务也做到税负只减不增，这是有难度的。

每个企业能否在营改增的过程中分享属于自己的红利，一方面取决于企业对营改增政策的理解与运用，另一方面取决于企业后续业务管理水平的提升。

二、“只减不增”要看综合税负水平

营改增对纳税人税负的影响不仅仅限于原营业税纳税人，还包括原增值税

纳税人。另外，对税负的影响也不仅限于流转税。因为营改增后流转税的征收发生了变化，税率或征收率变了，计税依据也变了，而对应的附加税（城建税、教育费附加税、地方教育费附加税）会随之发生变化。在合同额不变的前提下，营改增后会计确认的收入会变少。同理，因为进项抵扣的原因，成本费用的确认也会减少。

综合营改增对附加税、收入以及成本费用的影响，在流转税减少的情况下，还会有减税的放大效应。因此，对营改增后税负"只减不增"的理解不宜拘泥于增值税，而应综合看因之而来的连锁效应。

三、"只减不增"是过渡阶段的特点还是惠及永远

营改增重要的攻坚战围绕金融业、房地产业、建筑业、生活服务业展开。对于建筑业和房地产业，为避免营改增后因税率大幅提升导致企业税负加重，税务给出了过渡性方案——简易征收，对老项目实行增值税简易征收办法。简易征收时征收率不变，由于营业税是价内税，简易征收等于绝对减税。

营改增全面推行后，行业、企业还能否享受或保持税负"只减不增"的利好呢？未来企业税负是否会反弹，进而绝对上升呢？这是诸多企业都担心的问题，这种担心不能说是多余的。一方面，不确定性终归存在，营改增后企业纳税会出现哪些新情况、新问题，有待观察，税务配套的政策和细则也有待制定与完善；另一方面，企业自身能否在内部做出准确的业务判断，能否选择恰当的供应商，能否取得足够的进项税票也很关键。

营改增的长期利好，一靠政府的减税意愿，二靠企业的管理改进。

第五节　营改增后的税率与征收率

营改增对绝大多数企业是利好的，因为营改增后的税率与征收率设计是有利于企业的。部分试点企业可能前期税负有轻微上升，原因是营改增没能普及，取得进项税票多少存在一些困难。营改增全面落地后，企业税负会相对减轻，这种感觉会越来越明显。

一、税率与征收率的变化

根据纳税人规模不同，营改增把纳税人分为了两类。第一类，一般纳税人；第二类，小规模纳税人。小规模纳税人年销售额在 500 万元以下，一般纳税人年销售额在 500 万元以上。销售额虽在 500 万元以下，但会计核算比较规范的企业可申请成为一般纳税人。一旦申请成功，将不能再转为小规模纳税人。

营改增后纳税人的税率变化见表 11-1。

表 11-1　营改增后纳税人的税率变化

分类	营业税	增值税	折为价内税	增减
小规模纳税人征收率	3%	3%	2.91%	-0.09%
	5%	3%	2.91%	-2.09%
	5%	5%	4.76%	-0.24%
一般纳税人税率	3%	11%	9.91%	6.91%
	5%	6%	5.66%	0.66%
	5%	11%	9.91%	4.91%
	5%	17%	14.53%	9.53%

二、小规模纳税人征收率的设计

营改增为小规模纳税人设计了两档征收率：3% 和 5%。主征收率为 3%，房地产行业比较特殊，征收率为 5%。

营改增后，交通运输业、建筑业、邮电通信业、文化体育业、房地产业的小规模纳税人征收率与原营业税率一致，仍为 3%，其他行业小规模纳税人的征收率都降为 3%。

因为营改增是从价内税变为价外税，对小规模纳税人而言，无论是征收率与原营业税率保持一致，还是降至 3%，实际税负都绝对降低了。

给小微企业减税符合政府一贯的政策。以前小微企业不论规模大小，都需交流转税，此前确定两万元以下营业额不用交税，之后提高到三万元以下营业额不用交税。

营改增等于进一步强化了对小微企业的扶持。

三、一般纳税人税率的设计

对于一般纳税人，营改增后税率设计分三档：第一档为主税率 6%；第二档是针对提供交通运输、邮政、基础电信、建筑、不动产租赁服务，以及转让土地所有权、房产销售设计的，税率为 11%；第三档是针对提供的有形动产租赁服务设计的，税率为 17%。

（1）主税率为 6%，对应以前的营业税率 5%。在营业税率为 5% 的行业里，企业成本构成多为人工成本，能取得进项税票的机会不多，税率设计以持平为宜。6% 的增值税相当于 5.66% 的营业税，考虑到企业办公场地租赁，办公用品、办公家具、办公设备采购，经营费用亦可取得部分增值税专票，应该能维持税负持平。

（2）提供交通运输、邮政、基础电信、建筑、不动产租赁服务，以及房地产销售、转让土地使用权等业务的企业，营改增后税率提高到 11%。其中，提供交通运输、邮政、建筑服务的原营业税率为 3%，基础电信、不动产租赁服务、房地产销售、转让土地使用权等业务原营业税率为 5%。这档税率提升幅度较大，主要考虑到这些行业能取得的进项抵扣较多。

（3）有形动产租赁税率由 5% 猛涨到 17%，称得上是营改增的“头彩”。租赁有形动产采用 17% 的税率，实际已将之等同于销售商品了。从逻辑上看，租赁有形动产可视为分多次的销售，销售也可视作一次性租赁。将租赁有形动产与销售商品的税率统一，有利于公平，也能避免企业滥用税收筹划。

值得解释的是，建筑业营业税率 3%，房地产业营业税率 5%，营改增后为何两个行业的税率都上涨至 11%，而无差别呢？建筑业与房地产业是上下游产业，如果营改增后建筑业税率依然低于房地产业，会造成房地产业存在税差，不利于房地产业抵扣。两个行业税率拉齐，有利于房地产业的建安工程外包顺利开展。

四、简易征收的征收率设计

考虑到部分行业营改增后税率增幅较大，一时间可能抵扣不足，税总制定过渡政策，企业可选择简易征收的方式。可选择简易征收的行业及事项包括房地产行业的老项目，建筑行业的老项目、甲供材项目、清包工项目以及转让不动产、不动产经营租赁涉及的老不动产。

简易征收的征收率与原营业税税率保持一致，但实际税负降低了。

五、服务出口可免税

营改增后针对发生的跨境应税服务，国家给予出口优惠。也就是说，今后服务出口将等同商品出口，可免交增值税。这等于给服务出口净减少税负5%，体现了国家对跨境服务贸易的支持。

第六节　营改增后如何进行税负管理

营改增后很多人都在琢磨如何能让企业税负减轻一点。既然很多人有这样的想法，我们就分析一下营改增之后有没有税收筹划的空间。

营改增后企业要怎样进行税负管理呢？应先看增值税怎么交，应交增值税等于销项税额减进项税额。筹划增值税，要么筹划销项税，要么筹划进项税。

一、筹划销项税

（1）变通业务模式，收入按高低税率分别核算。例如，企业销售商品给客户，税率适用17%；同时要把商品送到客户手中，送的过程是运输服务，税率只有6%。营改增后，企业若进行相应设计，让业务模式更清晰，就有可能减轻税负。

业务的判断会影响税务的判定。对经济行为来说，如果一开始业务人员在合同层面就明确哪一类业务适用高税率，哪一类业务适用低税率，那么后续会计核算时收入就容易识别，降税也更有说服力。

（2）用足税收优惠政策。优惠有哪些呢？技术合同有优惠，服务出口也有优惠，各地方还可能有其他优惠，能不能享受到，需要企业研究与争取。

（3）收入确认与发票开具要同步。企业不要在收入不符合确认条件时先开出发票。

（4）避免视同销售。视同销售这个概念一开始就是针对增值税设计的，营业税没有视同销售这个概念，比如交营业税的饭店，厨师做了一顿饭自己吃了，就不能视同销售。营改增后，视同销售的业务可能会多交税。

二、筹划进项税

（1）供应商与服务商要找一般纳税人，尽量取得专用发票。

（2）调整支出的组合方式，比如对方开具发票，如果只按照低的税率开具，可能亏了，这时就要考虑一下能不能分别开具，一部分开具较高的抵扣税率，另一部分开具较低的抵扣税率。

（3）保证专票回流的速度，别等到该抵扣的时候专票没回来。企业交税容易，但多交了，想把税退回来可就难了。

（4）尽量减少进项转出的情况。

第七节　出差住酒店开票会变烦琐

营改增后酒店开发票较为麻烦。酒店一般同时提供住宿服务、餐饮服务、娱乐服务。这三类服务营改增后税率虽一样，但餐饮服务、娱乐服务未纳入抵扣范围，也开不了增值税专票，而住宿服务能开增值税专票。这样一来，酒店在给客户开发票时，需要区分服务项开专票与普票。专票开住宿，普票开娱乐餐饮。

酒店服务一般会分好几类：

第一类，当然是住宿服务，住酒店肯定要解决睡眠需要；

第二类，餐饮服务，享用早餐、午餐与晚餐；

第三类，享用一些健身项目、娱乐项目和保健项目；

第四类，享用酒店提供的小食品；

第五类，接受酒店提供的清洗衣物的服务。

一、营改增之前仅开一张发票即可

营改增之前，顾客在酒店的上述五类消费，除第四类是增值税应税项目外，其余均为营业税应税项目。第四类一般涉及金额比较小，酒店往往会将其并入餐饮服务。营改增之前酒店给顾客开发票，所有服务项目可在一张营业税发票上列示，税率全是5%。

二、营改增之后开票变复杂了

如果是个人住宿，酒店开票不会有变化，还可以只开一张发票，把所有项目列在一张发票上，只是发票由营业税票变成了增值税普票。

小规模纳税人企业的员工出差，酒店同样可以只开一张增值税普票，因为不涉及增值税抵扣的问题。但增值税一般纳税人企业的员工出差住酒店，一般都会向酒店索取增值税专票，这时酒店就要把服务项目分开：

（1）住宿服务按现有的规定是可以提供增值税专用发票的；

（2）餐饮服务和娱乐服务营改增已经明确了，不能开具增值税专用发票；

（3）洗衣费也不能开具专票。

通过以上分析，不难看出酒店服务开票分两种：能提供增值税专用发票的服务和不能提供增值税专用发票的服务。如果顾客需要增值税专票，酒店不能再像以前那样只开一张发票了，而是要开成两张，一张是住宿的专票，另一张是餐饮和娱乐的普票。另外，开票时顾客不能仅提供企业名称，还需要将企业的开票信息提供完整。

三、小规模纳税人如何开专票

如果酒店是小规模纳税人，顾客需要增值税专票该怎么办呢？

这种情况下酒店自己开不出专票，按照现行增值税管理办法，酒店需要到当地国税局代开。但税务代开的过程比较烦琐，不可能马上给顾客提供发票。解决这个问题的思路是，顾客给酒店留下邮寄地址和开票信息，酒店统一到国税局代开专票，之后邮寄给顾客。这样一来，酒店会增加一笔邮寄费用。

建议税务给酒店业的小规模纳税人“松绑”，授予它们开具增值税专票的权利，税务事后加强监管即可。

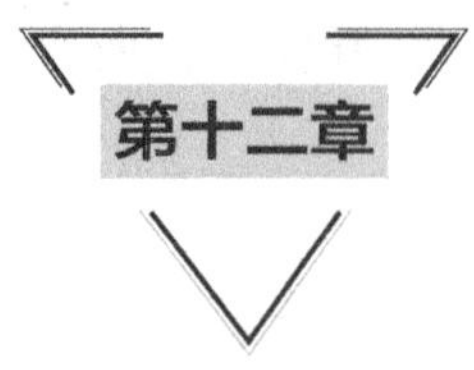

第十二章

税务管理与稽查

第一节　税收筹划的目标与误区

税收筹划的三个目标：(1) 缩税基，用足各类政策，让计税金额"瘦身"。(2) 降税率，无论所得税还是流转税，都有操作空间，一是做到核算清晰，分开高低税率经济事项；二是搞清楚特定行业、特定区域、特定产品、特定经济事项的优惠政策。(3) 延税款，税收筹划未必就能把应纳税额减下去，如若做到了延迟纳税也不错。

税收筹划是让很多会计人觉得兴奋的话题。为什么这么说？因为有了税收筹划，会计人感觉自身的价值得到了提升。现在很多企业要求会计为企业创造价值，怎么创造价值呢？最容易想到的方向有两个：第一，把企业的资金规划好，让资金创造一部分收益；第二，做税收筹划，为企业减轻税负。这样一来，税收筹划顿时变得高大上了。

对税收筹划，会计人容易陷入三个误区。误区一，总以为税收筹划就是要给企业降低税负，实际上并非如此，税收筹划不见得能给企业减税；误区二，没分清税收筹划和偷漏税；误区三，自己没有吃透税法，当别人把政策用好时，误以为这是税收筹划。下面具体解释这三个误区。

误区一：税收筹划就一定会给企业降低税负吗？

税收筹划不一定能给企业降低税负，它的目标有以下三个。

第一，缩税基。如果交税时计税依据是100万元，想办法让计税依据变为90万元，那么筹划就是成功的。

第二，降税率。对企业来说，无论是所得税还是流转税，降税率都有一定的操作空间。首先，对于所得税，有些企业和地方是有相应优惠政策的，所得税税率不见得都是25%；其次，对于流转税，营改增后，增值税税率分为很多档，如果产品的设计能把高低税率的交互分清楚，那么一部分收入就能适用低税率；再次，特定行业、特定地域、特定企业、特定产品、特定事项都可能有特定的优惠政策。只要能把优惠政策用足了，税率就能直接降低。无论是缩税基还是降税率，都可以使企业的税负绝对减轻。

第三，延税款。企业如未能把应纳税额减下来，可以延迟纳税。例如，正常的交税应该在当年3月，但是通过筹划，延迟到明年3月才交，这对企业来说是非常有利的。这也是成功的筹划。

这是我要讲的第一个税收筹划的误区，即误以为税收筹划就是要给企业减轻税负。其实，能让企业延迟缴纳税款也是一种成功的税收筹划。

误区二：没有把税收筹划和偷漏税分清楚。

有人说，税收筹划和偷漏税截然不同。其实，二者也有相同的地方，即心理上都是想少缴纳税款。

不同的地方是什么呢？违法违规的度是不同的。偷漏税违法，税收筹划不违法。但要注意，税收筹划可能会因为对税法理解不透而违规。

误区三：没有吃透税法，误以为不会税收筹划。

会议人员应该多学习税法的相关知识，多研究一些案例。

税法里有很多条款都是企业能正常享受的税收优惠政策。因为没有记牢，没有用好，没有把政策用足，结果多交税了，这是工作失误。这些失误都是因为会计人员基本功不扎实造成的，与税收筹划没有关系。筹划是指所有的政策都用好了，可是还要钻个牛角尖，为企业再争取一些利益。如果眼前的优惠政策都未能吃透，遑论税收筹划！

第二节　面对税务稽查不能“怕”

税务稽查或许对企业和老板是一劫，但对会计人员来说，未必全是不幸，我倒觉得税务稽查能提升会计人员的能力。企业财务也许真的存在问题，经过税务稽查，一方面会计人员得到了历练，会对纳税风险把握得更准确；另一方面也能增强企业老板的税务风险意识。

一、会计为何怕稽查

会计人员一般都害怕税务稽查。对企业来说，税务人员兼具两层身份：第一层身份，代表国家征税，企业必须遵从其要求；第二层身份，税务人员是公务员，要为企业服务。会计人员怕的是税务人员的第一层身份，一怕处罚权，二怕自由裁量权，三怕日后的监督权。

1. 税务的处罚权

企业的会计账难免有些纰漏，甚至多少有些“猫腻”，对此会计人员往往会心虚，总担心企业被税务盯上，被税务查到，被税务处罚，自己也会因此受到牵连。

2. 税务自由裁量权

对一个纳税事项做解释的时候，税务可以做出对企业相对有利的解释，也可以做出对企业相对不利的解释。这个时候会计人员害怕税务把所有不利的解释都摊到企业头上，导致处罚结果偏重。

3. 税务日后的监督权

有些会计不敢与税务争一日之长短，因为日后还需继续接受税务的监督。

二、面对稽查的心理变化

面对税务稽查，会计人的心理变化可总结为三个字：怕，恨，敬。另外，还要做到“近”。

1. 怕

不知道税务为什么来，来了不知道会查什么，可能会查出什么，所以怕。其实大可不必，税务稽查为什么来？来总有来的道理。税务总局有各种随机选案机制，碰巧被抽中了所以来；企业行为不端，被举报了所以来；纳税数据有悖常规，被风控分析出比例异常了所以来；对某个行业进行整治所以来。

2. 恨

为什么恨，不管怕不怕终究得来，来了只能悉心应对。看到税务稽查人员不停地查账纠错，就感觉是“过来找茬”的，“恨意”油然而生。

3. 敬

恨归恨，来也来了，查也查了，“骨头”也挑了，事情总算了结了。就想着客客气气地道别，敬而远之。如果不是被举报或者总局统一安排行业检查或专案检查，税务稽查完结后一般五年之内不会对同一纳税人重复稽查。

4. 近

与税收征管人员不同，税务稽查人员平常不会与纳税人直接接触，企业与他们联系的机会不多。既然摊上了税务稽查，建议不要轻易“放过”税务稽查人员，他们对企业的认知相对全面，是税务机构里专业的老师。如果企业想在税务稽查之后提高税务处理水平，就要做到第四个字“近”。主动走近税务稽查人员，多咨询、多交流，通过向税务稽查人员学习，使自己的知识与技能得到提升，让企业与纳税规范的要求贴得更近。

三、怎样看待稽查结果

孔子的学生曾参因为种瓜误点被父亲打了一顿，不省人事。曾参苏醒后并未因此愤愤不平，他想顺着父亲，就当让他出出气好了。孔子知道后非常气愤，极其不认可曾参的做法，孔子的主张是“小杖受，大杖走”。

把这个故事借鉴过来，会计可将之视为应对税务稽查的立场。一般而言，税务稽查总能找出问题，如果惩罚轻微，建议企业不要争辩，用虚心的态度主动承认没有做好，会计人员对税法理解不深，不要因小额罚款跟税务过度争辩。如果税务稽查找出了重大问题，处罚力度很大，若企业认为自己有理，则不能一味迁就，要针对问题做出有理、有利、有节的分辩，尽量争取最有利的结果。

无论如何，企业不宜将自身与税务的关系搞对立，但并非放弃维护自己的合法权益。如果对税务稽查的结果有不同意见，可以通过合法途径表达诉求。应对税务稽查结果关键还在于事实与证据，会计人员要做的是主动配合税务稽查，把证据提供充分，不用一味地怕税务、瞒税务。如果对税务稽查的结果有争议，要积极沟通，应对时要坚持以事实为依据，做到和谐，进退有据。

第三节　个人劳务费怎一个“愁”字了得

你可能会说，个人劳务费处理不就是代扣代缴个税吗，有什么难的？我先说一说规范的做法，会计账务处理根据劳务性质将劳务费确认为管理费用、销售费用、研发费用、制造费用、生产成本，应付个人的劳务费发放时企业要先扣除个税，然后将扣除个税后的部分发放给个人。规则是明确的，可实际操作起来远比这要复杂。

复杂场景一：个税由企业承担

很多时候，企业劳务用工没有严格的合同约定，双方对劳务费的理解就会产生偏差。特别是一些业务领导在谈劳务项目时，可能没有意识到企业还需要代扣代缴个税，直接就向对方承诺报酬，导致实际支付时产生争执。

解决这个问题的方法有两个：一是把承诺的劳务费标准提高，财务正常代扣代缴个税，扣完税后让个人拿到手的钱正好和原来要求得一样多；二是由企业替个人缴纳个税，这部分金额记作“营业外支出”，不得在企业所得税前扣除。从规范财务和税务的角度考虑，建议采取第一种方法。

复杂场景二：个人劳务费需要提供发票入账

一般来说，企业给个人支付劳务费是不用凭发票入账的，因为个人开不出发票。但也有人向我反映，地方税务对个人劳务费提出了新要求，必须凭票报销。没有发票的，即便企业代扣代缴了个税，个人劳务费也不能在企业所得税前扣除。

企业该如何说服个人去税务代开劳务费发票呢？想想都费劲！如果劳务费金额较大，个人或许有此动力；如果劳务费金额较小，个人又怎么会愿意耗时费力跑税务呢？

据我所知，有些地市税务已经开通了在手机 APP 上代开个人劳务费发票的服务。这或许可以解决部分个人通过税务代开发票的难题。

复杂场景三：个人代开劳务费发票都有哪些税

个人到税务代开劳务费，先要提交申请，并提供一系列证明材料（各地税务要求不同，这里就不一一说明了）。下面举例说明这一要求下需要交的税。

甲某给 A 公司提供个人劳务，每月约定劳务费 6 000 元。甲某需向 A 公司提供劳务费发票。如甲某到当地税务代开劳务费发票，涉及的税包括增值税、附加税以及个税。

1. 增值税

甲某视同小规模纳税人，增值税按照劳务费总金额的 3% 缴纳。本案例应交：

6 000 ÷（1+3%）× 3% = 174.76（元）

2. 附加税（城建税 7%、教育费附加 3%、地方教育费附加 2%）

根据实缴的增值税计算，本案例应交：

174.76 × 12% = 20.97（元）

3. 个税

先按 1.5% 预缴，本例需预交个税为：

6 000 × 1.5% = 90（元）

等甲某拿到发票到 A 公司报销劳务费时，A 公司应对剩余的个税作代扣代缴处理。需代扣代缴的个税金额为：

（6 000−174.76−20.97）×（1−20%）× 20%−90 = 838.68（元）

计算下来，6 000 元的劳务费个人实际能拿到手 4 875.59（6 000−174.76−20.97−90−838.68）元。

复杂的场景四：税务限定了企业代个人办理劳务费开票的次数

规范的做法是个人劳务费要由受益人自行到税务申请代开发票，但实际情况是个人嫌麻烦或不清楚怎么做，希望企业能代办此事。代办并非不可以，只是实际执行过程中会有障碍。例如，有些地市的税务规定，如果由企业代办，给个人开劳务费发票，一年只能开两到三次。

这样一来，实操就碰到问题了。例如，某人常年为企业提供劳务服务，按月领酬，开票该怎么办？如果企业一次让税务开足几个月的金额，可能涉及几个月的劳务费要合并扣个税的风险，这会加重个人税负。

如果这种情况不能改观，我的建议是，企业每月给个人发放劳务费不变，分月预提各种税费，代扣代缴个税不变；累计几个月到税务代开一次发票，同时把前期预提的各种税费一次补足。

第四节　销售折扣、现金折扣、销售折让有何差别

销售折扣、现金折扣、销售折让，这三个概念会计人员不会陌生。从字面看，这三个名词都有一个共同的字眼，“折”。的确，这是三者的共同点，都是销售方在商品定价的基础上做出一点价格上的让步。同样是让步，让步的理由却各不相同，在会计上的处理也不尽相同。

一、打折的理由

销售折扣：销售方为鼓励购货方多购买其货物（限时折扣或捆绑折扣）而给予的折扣。

现金折扣：销售方为鼓励购货方及早付款而给予的优惠条件，本质是一种理财方式。

销售折让：由于商品的质量、规格等不符合要求，销售方同意在商品价格

上给予的减让。

销售折扣与现金折扣是销售方的主动选择；销售折让是被动选择，迫不得已而为之。

二、会计上的处理

举个例子说明（见表 12-1），一件商品定价 1 170 元（含增值税 170 元），销售折扣、现金折扣、销售折让均为 95% 的情况下，确认收入与开票金额。

表 12-1　销售折扣、现金折扣、销售折让的处理

分类	价 + 税	打折比率	收入	增值税	开票金额
商业折扣	1 170.00	95%	950.00	161.50	1 111.50
现金折扣	1 170.00	95%	1 000.00	170.00	1 170.00
销售折扣	1 170.00	95%	950.00	161.50	1 111.50

销售折扣：做账时直接按折后价处理，不体现折扣金额，按折后金额开具发票。

现金折扣：商品卖出后，想让客户快还钱，少收款项相当于应收账款贴现的代价，记作“财务费用”，确认收入与开票均按折前价格操作。

销售折让：因商品有瑕疵而豁免部分货款，视同销售减少处理，类似销售折扣的会计处理方式。开具发票后发生销售折让的，在收回原发票并注明“作废”字样后，重新开具销售发票，这种情况下要记得冲减销售收入。

三、销售折扣与现金折扣在税负上的比较

如表 12-1，对销售方而言，在税负上是采用商业折扣合适，还是采用现金折扣合适呢?

采用商业折扣时，收入 950 元，销项税 161.5 元；采用现金折扣时，收入 1 000 元，销项税 170 元，计入“财务费用——现金折扣”的 1 170 元。

这样算下来，采用商业折扣比采用现金折扣利润多 9.52 元，需多交所得税 2.38 元，可少交增值税 8.5 元，少交附加税 1.02 元。所以，采用商业折扣比较合适。具体如表 12-2 所示。

表 12-2　商业折扣与现金折扣的比较

项目	商业折扣	现金折扣	比较
收入	950.00	1 000.00	-50.00
销项税	161.50	170.00	-8.50
附加税			-1.02
财务费用		58.50	58.50
利润影响			9.52
所得税影响			2.38

第五节　印花税是个不起眼的小税种

印花税历史悠久，1624 年荷兰政府发生经济危机，掌政者为缓解财政困难，需要谋求敛财妙策，于是寻求设计新的税种。印花税就是精选出来的“杰作”。印花税的设计可谓独具匠心，一旦征税，税源很大。又因税负轻，被征税者的痛感并不明显。

一、会计核算

以前印花税是在“管理费用”科目下核算，现在变了，印花税改在“税金及附加”科目核算了。有这样变化的税费还涉及房产税、土地使用税、车船使用税等，它们以前也是在“管理费用”科目核算的。总结一下规则：除企业所得税外，凡在利润表中体现的税费，今后均改在“税金及附加”科目核算。

二、不交印花税的合同

企业与事务所签订的审计合同用交印花税吗？答案是不用。审计合同、咨询合同、培训合同都不需要交印花税。这几类合同不属于征印花税的范畴。另外，企业间拆借资金签订的借款合同、企业与个人签订的借款合同、企业通过银行签订的委贷合同也不需贴花。只有企业与银行等金融机构签订的借款合同才需贴花。可见，并非所有的合同都需要交印花税。印花税的征税范围如表 12-3 所示。

表 12-3 印花税的征税范围

分类	内容
合同类（10 类）	购销、加工承揽、建设工程勘察设计、建设安装工程承包、财产租赁、货物运输、仓储保管、借款、财产保险、技术合同
产权转移书据	财产所有权、版权、商标专用权、专利权、专用技术使用权的转移书据
营业账簿	资金账簿、其他营业账簿
权利、许可证	房屋产权证、工商营业执照、商标注册证、专利证、土地使用证

三、纳税义务时点

一旦合同签订，印花税的纳税义务就成立了。至于合同是否履行、何时履行、能否完全履行，不影响合同贴花。印花税纳税完成后，若合同不履行，已交的印花税不得申请退回，也不得申请抵扣。

四、购销合同

在商品购销活动中，采用以货换货方式进行商品交易签订的合同具有双重属性，既购又销。此时印花税贴花应遵循实质重于形式原则，将该合同视作两份合同，按合同所载的购、销合计金额计税贴花。

购销合同计征印花税时，收入的计税依据是否含税呢？这一问题应分三种情况处理：

（1）购销合同中只有不含税金额的，以不含税金额作为印花税的计税依据；

（2）购销合同中既有不含税金额又有增值税金额，且分别记载的，以不含税金额作为印花税的计税依据；

（3）购销合同所载金额中包含增值税金额，但未分别记载的，以合同所载金额（即含税金额）作为印花税的计税依据。

五、加工承揽合同

印花税里也能体现税收筹划的思维。以加工承揽合同为例，受托方同时提供原材料与加工服务时，合同约定情形不同，印花税处理也不同。

（1）大包承揽：受托方提供原材料及辅料，并收取加工费且分别注明的，原材料和辅料按购销合同计税贴花，加工费按加工承揽合同计税贴花。

（2）税率从高：合同未分别记载原辅料及加工费金额的，一律就全部金额按加工承揽合同计税贴花。

（3）手工费计税：委托方提供原材料，受托方收取加工费及辅料，双方就加工费及辅料按加工承揽合同计税贴花。

征税有一个基本的原则就是，税收不受损。含糊不清、约定不明的，都会被从高征税。

六、合同金额不明

签订时无法确定计税金额的应税合同，比如房屋租赁合同约定按月或天的标准计算租金，总额不定，如何缴纳印花税呢？这种情况下，可在签订时先按定额 5 元贴花，以后结算再按实际金额计税，补贴印花。

合同实际执行金额与合同约定金额不一致时，如果不签订补充合同，即便实际执行金额大于合同约定金额，也不需要补交印花税。如果签订了补充合同，应就补充合同增加的金额补交印花税。

七、不签订合同

有一点需要明确，印花税的征税对象并非只是合同。印花税是对经济活动和经济交往中书立、领受、使用的应税经济凭证所征收的一种税。未签订购销合同的购销行为也需要缴纳印花税。只要具有合同性质的购销往来凭证，要素虽不完整但明确了双方主要权利、义务的，如有结算单据、交货确认单，就应视同合同，缴纳印花税。

第六节　容易被忽略的须交个税的特殊事项

所有的会计人员都知道工资、奖金、分红需要缴纳个税。除此之外，还有许多的特殊事项也要视同薪酬与股利计征个税，如出差补贴、节假日发放的实物、员工旅游费用等。对这些计税事项都能准确识别的会计人员并不多，本节将一一介绍须交个税的特殊事项。

一、出差补贴

出差补贴该如何报销？以前这是个没有争议的话题，出差一天补助现金若干，直接计入差旅费报销即可。现在部分省市继续这么操作恐怕已不妥，如不能提供发票，出差补贴一律要并入当月工资计征个人所得税。

二、企业内部报刊获得的稿酬所得

稿酬所得是指个人因其作品以图书、报刊形式出版及发表而取得的所得。对于稿酬所得，有专门的方法计征个税。但前提是，作品要正式公开出版发行。企业内部刊物显然不符合这一要求，因此员工给企业内部刊物投稿所获得的稿酬不能适用稿酬所得计征个税，而应合并到当月工资中，按工资、薪金所得征税。

三、企业在传统节假日发的粽子、月饼等

依据《中华人民共和国个人所得税法》的规定，工资、薪金所得是指个人因任职或者受雇而取得的工资、薪金、奖金、年终加薪、劳动分红、津贴、补贴以及与任职或者受雇有关的其他所得。个人所得的形式包括现金、实物、有价证券等。按照此规定，企业在端午节发的粽子、中秋节发的月饼均属于实物福利，都应计入工资计征个税。

四、企业给员工报销的置装费

企业给员工报销置装费能税前扣除吗？这要分两种情形看。常见的情形是企业规定员工每年报销置装费的标准，然后自行找发票到财务部报销，这种情形说白了是企业给员工发补贴，报销额度应并入工资计征个税。大家别灰心，还有办法。企业统一制作并要求员工统一着装发生的置装费，则可以作为企业合理支出税前扣除。

五、企业为员工报销的旅游费用

员工旅游费用存在涉税风险，如：

（1）不能在差旅费中列支，这会造成逃税嫌疑；

（2）应并入员工工资计征个税；

（3）因为旅游费用不属于“合理的工资、薪金支出”，即便已代扣代缴个税，也不能在企业所得税前扣除。

针对这类费用，企业可先与当地税务沟通，看是否可在职工福利费、工会经费中列支；或能否在所得税前扣除。

六、企业为员工上的商业保险

企业按照内部议事规则，经过董事会或者经理（厂长）办公会决议，改革内部分配制度，在实际发放工资和社会保险统筹之外，为员工购买商业保险，作为员工奖励的，所需资金从应付工资中列支；作为员工福利的，所需资金从结余的应付福利费中列支，但不得因此导致应付福利费发生赤字。涉及的税收问题，按照国家税收政策的有关规定处理。

七、员工报销的教育经费

员工教育经费是指上岗和转岗培训、各类岗位适应性培训、岗位培训、职业技术等级培训、高技能人才培训、专业技术人员继续教育、特种作业人员培训、企业组织的员工外送培训的经费支出，员工参加的职业技能鉴定、职业资格认证等经费支出，购置教学设备与设施，员工岗位自学成才奖励费用，员工教育培训管理费用以及有关员工教育的其他开支。异地的培训所涉及的来回交通费、住宿费、餐费等也可以被计入员工教育经费。

员工参加学历教育、学位教育的学费（如MBA、EMBA）不得计入教育经费，也不得在税前扣除，且需要计征个税。

八、股东跨年的借款

股东以借款名义长期占用企业资金，不能证明是用于生产经营的，在税务稽核时很可能会被认定为变相分红，股东需补缴个人所得税。但以下三种情况除外：

（1）企业账面持续亏损，根本无利可分的；

（2）在税务稽核之前，股东已将借款归还企业的；

（3）企业与股东签订了借款协议，并按照市场利率约定了借款利息，会计做账时对利息进行了计提的。

第七节　个税手续费返还须交哪些税

存在争议的个税手续费返还问题：（1）个税手续费返还的所有权到底属于企业，还是属于企业办税人员；（2）个税手续费返还，企业是否该确认收入，是否要交流转税和企业所得税；（3）个税手续费返还奖励给办税人员时，是否要交个税。厘清了这三个问题，对于个税手续费返还的账务处理才能更清晰。

个税手续费返还是指企业代扣代缴员工个税时可以相应地从税务机关按 2% 的比例取得返还的手续费。企业从税务机关拿到这 2% 的手续费返还后，须交哪些税以及如何进行账务处理，这是很多会计人员知识的模糊区域。

一、是否该交增值税

企业所取得的手续费返还严格来讲应按服务业中的代理业计征增值税（营改增之前为营业税）。由于该笔收入是从税务机关取得的，因此模糊了征税概念。多数税务机关未对此进行实际征收，企业也未主动做纳税处理。但有部分省市对此作出征税规定，要求企业代扣代缴个人所得税取得手续费收入应缴纳营业税。个税手续费返还是否征收流转税，尚有争议。为保险起见，企业应与当地税务机关妥善沟通后再做处理。

二、是否该交企业所得税

根据《中华人民共和国企业所得税法》和《企业所得税法实施条例》的有关规定，企业代扣代缴个人所得税取得手续费收入应缴纳企业所得税。对这一点，会计人员没有什么异议。

三、个税手续费返还的用途

按照规定，对扣缴义务人按照所扣缴的税款，付给 2% 的手续费。扣缴义务人可将其用于代扣代缴费用开支和奖励代扣代缴工作做得较好的办税人员。

对于企业取得代扣个人所得税代手续费返还，从用途上讲应该有两种，一种是用于代扣代缴工作的管理性支出，另一种是用于奖励有关工作人员。

个税手续费返还用于奖励办税人员并非硬性要求，也并非要奖励全部相关办税人员。

四、奖励办税人员是否交个税

依据规定，个人办理代扣代缴税款手续，取得的扣缴手续费暂免征收个人所得税。

办理代扣代缴手续的相关人员获得个税手续费返还奖励的，无需就此交个税。如果企业将此款项改变用途，奖励给非相关人员，那么应并入员工当期工资薪金计征个税。

五、个税手续费返还的账务处理

（1）企业收到个税手续费返还时要交流转税，建议会计记账做成“其他业务收入”：

借：银行存款

贷：其他业务收入

应交税费——增值税（销项税）

个税手续费返还在使用时，会计做账应记“其他业务支出”。

（2）企业收到个税手续费返还时未交流转税，建议会计记账做成“营业外收入”：

借：银行存款

贷：营业外收入

个税手续费返还在使用时，会计做账应记“营业外支出”。

（3）如企业收到个税手续费返还时未交流转税，且返还款全部奖励给办税人员，会计处理也可做成“其他应付款”：

借：银行存款

贷：其他应付款——个税手续费返还

实际发放给办税人员时，会计处理如下：

借：其他应付款——个税手续费返还（张三）
　　　　　　　——个税手续费返还（李四）
　贷：银行存款

第八节　电子发票对会计领域产生的影响

电子发票来了，对会计领域有何影响呢？（1）假发票可能会绝迹，会计圈的职业骗子们要失业了；（2）会计核算有可能不再需要纸质单据的流转，会计人员审核单据可实现电子化；（3）审计可以突破抽查的局限，以人工智能完成基础审计工作，审计结果可能会更精准；（4）税务稽查可以由抽查过渡为全查，由线下过渡为线上。

与传统发票相比，电子发票具有明显的优越性。

第一，节省了商家的成本，一方面是发票制作、开具的成本；另一方面是发票的寄送成本，这点对电商类企业非常重要。

第二，假发票可能会绝迹，长期困扰会计做账的难题将得到根治。

第三，开具发票的门槛降低了，开发票不再是难题，以票控税会得到更好的贯彻。

这些优越性是明显的，我们很容易感受到。除此之外，电子发票的普及将让财务大数据网络化、信息化，这将深远地影响会计核算、审计、税务等诸多领域。

一、扫清会计无纸化办公的障碍

无纸化办公符合绿色环保理念，也符合企业降成本费用的要求，因此一直被企业推崇。要做到会计无纸化办公，就需要尽可能减少会计纸质文档的传递。会计工作所需的纸质文档主要分为四类：第一，发票收据类原始单据；第二，内部的审批凭据；第三，财务制作的会计凭证；第四，打印存档的账表。

移动互联网时代，越来越多的企业将审批移植到了手机上，已经不再需要纸质审批单的流转。此外，会计凭证与账表是内部文档，做到无纸化并不难，关键取决于企业内控与信息系统被认可的程度，被认可程度高，完全可以实现纸质文档信息化。

近几年随着财务共享中心的兴起，很多人担心原始票据该如何传递与保存。现在的做法是快递公司寄送，汇集到共享中心。显然这种做法存在单据丢失的风险，成本较高，查询不便。随着电子发票的普及，会计做账会更及时，也无需害怕遗失发票。会计做账与审计查询，通过阅读电子数据即可实现。

电子发票来了，如何防止重复报销？解决问题的思路很简单，但不能单单指望会计人员的责任心。现在是过渡时期，还只能靠会计人员眼睛识别，但可预见，未来财务软件与金税工程都会留出端口实现智能化处理。眼下的难题有个过渡解决思路：缩短电子发票报销时限，建立电子发票号台账。

会计无纸化办公的一大障碍是发票。一旦电子发票普及，这一障碍将自行消除。

二、加速会计核算人工智能化进程

如今阿尔法狗（Alpha Go）的完美表现会加速人工智能走进工作圈。未来有无可能实现会计做账全智能化呢？技术上是可行的。越是流程清晰，会计核算越容易实现自动化。未来的会计核算将很少需要人的判断和操作。通过标准化的流程，人工智能就能进行账务处理了。需要会计人员做的就是在一开始把规则制定好。把定好的规则输入到计算机中，后续系统将按照设定好的规则把所有的账务处理好。

现在移动办公平台与财务软件对接已不存在障碍，只待二次开发后，移动办公平台的审批就能自动生成会计凭证了，到时费用报销、采购、销售、生产成本结转的会计分录均可由系统自动生成。例如，报销费用只需在系统中输入报销信息，会计分录即可自动生成；再如，生产制造，从采购开始，领料、分摊、结转、入库，也能根据前端记录自动生成凭证。无疑，电子发票可以让信息对接更便利，更容易实现自动生成会计凭证。

三、颠覆审计抽样的局限

抽样审计不同于全面审计。全面审计是指百分百地审计被审计对象总体中的全部项目，并根据审计结果形成审计意见。而抽样审计是从被审计对象总体中根据统计原理选取部分样本进行审计，并根据样本推断总体并发表审计意见。

因为样本做不到完全杜绝人为因素，抽样审计具有天然的缺陷。甚至可以说，审计抽样是基于成本效益原则不得已而为之。要突破审计抽样，就必须解决审计成本居高不下的问题。人工智能可以解决这一难题。

审计抽样的主体工作集中在会计凭证上，再明确一点就是集中在发票审核上。电子发票替代纸面发票，对发票的审核方式自然要相应改变。随着人工智能逐步进入会计核算领域，人工智能亦可进入审计领域，会计核算可以做到无纸化，审计抽样也可以实现电子阅读。

2016 年 3 月，世界四大会计师事务所之一的德勤（Deloitte & Touche）宣布，将与人工智能企业 Kira Systems 合作联盟，将人工智能引入会计、税务、审计等工作中，代替人类阅读合同和文件。当审阅发票这类简单重复的基础工作被人工智能取代后，全面审计有可能替代抽样审计。这将颠覆现有的审计理念，审计的结论会更客观。

相信随着人工智能日臻完善，它在审计领域将发挥越来越重要的作用。

四、突破税务稽查随机选案机制

与审计一样，电子发票普及后，税务稽查亦可实现全查替代抽查。

税务稽查因为有强大的国家意志做保证，电子发票无疑会对其有更深远的影响。以金税工程为例，金税工程由一个网络、四个子系统构成基本框架。一个网络，就是从国家税务总局到省、地市、县四级统一的计算机主干网；四个系统，就是覆盖全国增值税一般纳税人的增值税防伪税控开票子系统，以及覆盖全国税务系统的防伪税控认证子系统、增值税交叉稽核子系统和发票协查信息管理子系统。四个子系统紧密相联，相互制约，构成了完整的增值税管理监控系统的基本框架。

电子发票普及，意味着税务对企业的纳税监控可实现电子化、网络化，及时化、预警化。一方面会降低税务稽查工作的成本，另一方面也会提升税务稽查发现问题的准确性。这将极大地提高税务工作的权威性。